自分で作る
エプロンとかっぽう着

JN013751

Apron

&

Kappogi

Contents

あの人リクエストのエプロン かっぽう着 ②
生活道具店店主 小池梨江さん

C

帆布切り替えエプロン
p.21

D

ワンピースエプロン
p.23

12

カシュクールエプロン
p.24

13

ひもフリルエプロン
p.26

あの人リクエストのエプロン かっぽう着 ③
整理収納アドバイザー 水谷妙子さん

14

スモック風かっぽう着
p.27

15

ピンタックエプロン
p.28

E

夫婦で使えるエプロン
p.29

F

ポケッタブルエプロン
p.31

Message

家で過ごす時間がふえて、料理・洗濯・掃除と家事の時間もふえている方が多いのでは。

そこで、好きな色や柄の布で、エプロンやかっぽう着を作ってみませんか。
自分で作ったものを身に着けると、家事へのテンションが上がります。
暮らしにメリハリもつけられ、実は精神面で家事を支えてくれる重要なアイテムです。

本書には、エプロンやかっぽう着を20デザイン掲載しています。
ぜひ、お好きな生地で、まずはひとつ作ってみてください。
縫っているときも、完成して着ているときも気持ちが上がるはず。

好きな家事はもっと楽しく、苦手な家事も、少しは楽しくできますように。

1

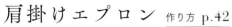

肩掛けエプロン 作り方 p.42

身頃の裾が前下がりになっていますが、ほとんどのパーツが四角形で縫いやすいデザイン。
肩ひもは肩のラインに合わせてつけています。
チェックのプリント地をメインに、肩ひもにはデニムを合わせてカジュアルに。

生地提供／DARUMA FABRIC
Pool Green × Navy (2)
作品製作／羽柴麻衣子

靴下〈piste〉／meri ja kuu

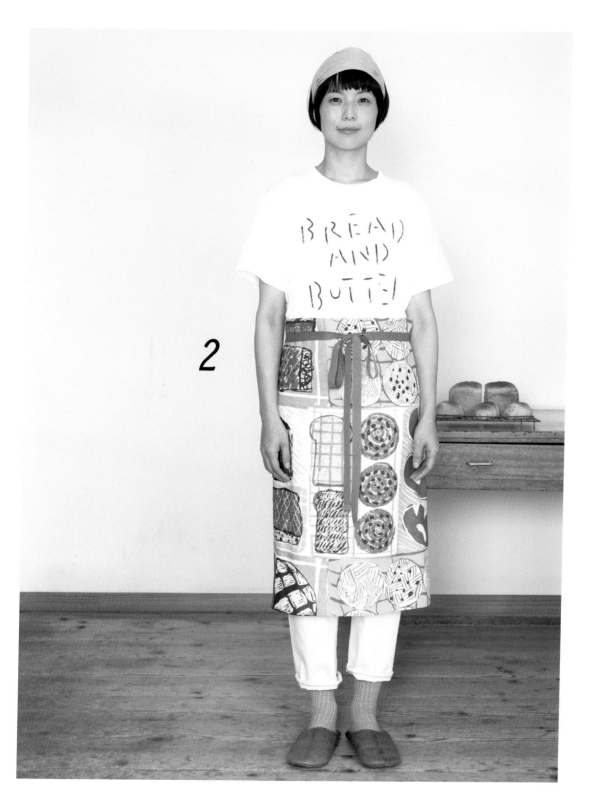

2

ギャルソンエプロン　<u>作り方 p.67</u>

パンの柄の生地をそのまま生かした、ギャルソンタイプ。
上端にひもを通せるように縫っていて、簡単に作れるので初心者におすすめです。
カーキグリーンの杉綾テープを効かせました。

生地提供／ gochisou
beaver bread/pink-yellow
作品製作／井田ちかこ

プリント T シャツ・テーパードパンツ／ tumugu:
靴下〈光と影の模様〉／ meri ja kuu

3

肩のこらないエプロン <u>作り方 p.34</u>

肩ひもが太めで肩に負担がかからないようにしたエプロン。
きれいなブルーのリネンは、着るだけでしゃきっとした気分になります。
身頃の裾はゆるやかなカーブになっていて、やわらかい雰囲気に。

生地提供／CHECK&STRIPE
C&S カラーリネン ブルー
作品製作／井田ちかこ

靴下〈色の輪郭〉／meri ja kuu

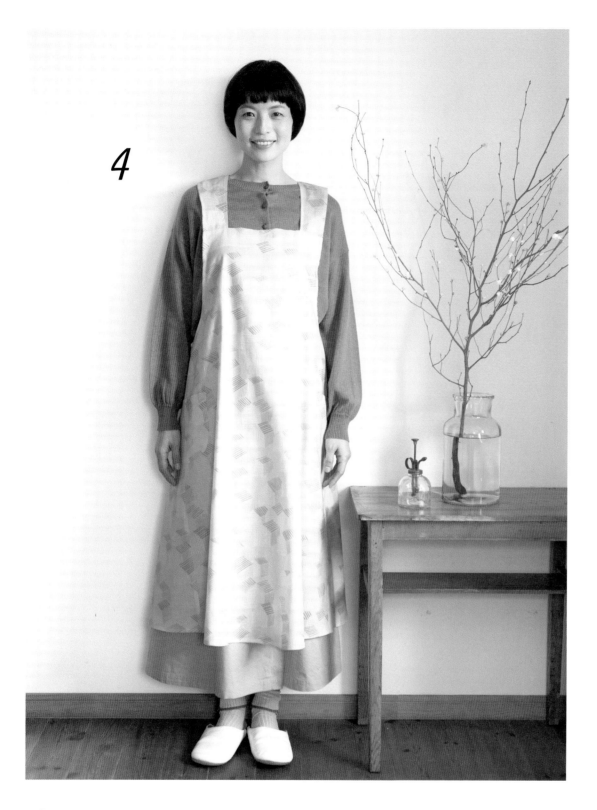

4

肩のこらないエプロン <u>作り方 p.34</u>

6ページのデザインを柄布で作りました。無地と柄では印象が変わります。
ピンクのベースに家の模様が入った生地は、おうちで使うエプロンにぴったり。
エプロンなら洋服よりも柄に挑戦しやすいので、気になる柄布で作ってみてください。

生地提供／nunocoto fabric
home（ピンク）
作品製作／井田ちかこ

カーディガン／tumugu:
靴下〈もくれん〉／en Lille

5

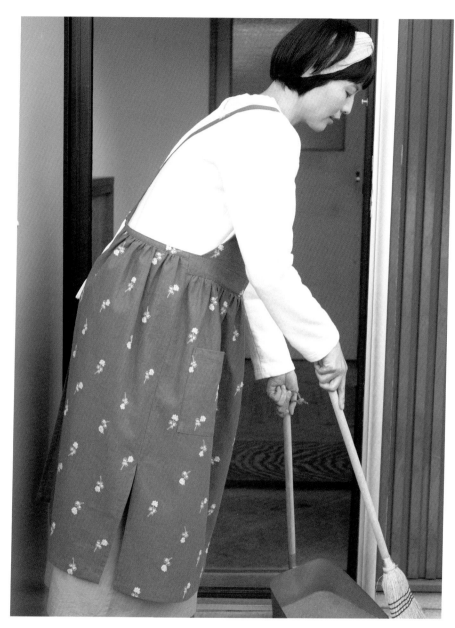

やさしい気持ちエプロン　作り方 p.44

ウエストに入れたギャザーを、太めのベルトで押さえて甘くなりすぎないようにしました。
イライラしていても、身に着けるだけでやさしい気持ちになれること間違いなしです。
ひもは縫いつけてあるので、結ばずにさっと着られるのがうれしい。

生地提供／DARUMA FABRIC
Garden Olive × Beige（102）
作品製作／井田ちかこ

ヘアバンド〈緑の絨毯〉・靴下〈色彩の息吹〉／meri ja kuu
靴〈sonja〉／dansko

6

ベーシックなかっぽう着 作り方 p.37

袖口にゴムを入れているので、家事がしやすいかっぽう着。
首の後ろはゴムになっていて脱ぎ着がラクです。
線画チェックのリネンで作りました。薄手の生地から少し厚めの生地まで適しています。

生地提供／トマト
リネンシーチング
作品製作／羽柴麻衣子

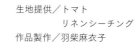

靴下〈piste〉／ meri ja kuu

7

サイドゴムかっぽう着 <u>作り方 p.46</u>

体にフィットするかっぽう着がお好きな方は、ぜひこちらを。
両脇の裏側にゴムを縫いつけているので、身頃が体に沿ってくれます。
小さなスパンコール柄が連なった、レモンイエローの生地が元気をくれそう。

生地提供／ DARUMA FABRIC
Spangles Lemon × White (2)
作品製作／羽柴麻衣子

テーパードパンツ／ tumugu:
靴下〈piste〉／ meri ja kuu
靴〈PROFESSIONAL〉／ dansko

エプロン かっぽう着 ①

職業や家事の仕方、好みによって、欲しいエプロンはさまざまです。
暮らしに関する仕事をしている人が欲しいのはどんなデザインなのか探ってみたくて、3人の方にリクエストしていただきました。
取材を重ね、ご本人の希望を形にしたのは井田ちかこさんです。

料理研究家　夏井景子さん

柄ものや刺しゅうなどが入った洋服が多いという
夏井さんのリクエストは、無地のエプロン。
長年使っているという後ろのひもがH型のタイプと、
首のひもと腰のひもがひと続きになっているデザインがご希望。
ポケットは大きく、丈が長めが好みだそうです。

\ Request /

丈：長め
柄：無地
生地：帆布とリネン
こだわり：安心して思う存分料理できるように

生地提供／布の通販 リデ
11号帆布 55カラー（55）ネイビー、（18）キャメル
作品製作／井田ちかこ

A

夏井さんは身長150cmで、
S・Mサイズの作品を着用しています。

バイカラーエプロン

作り方 p.48

夏井さんにいちばんなじみのあるこのデザインは、
エプロンとしても定番の形。
さっと身に着けられ、肩がこらなくて便利です。
甘くなりすぎないように、生地は帆布にし、
ネイビーをメインにキャメルのポケットをアクセントにしました。

13

撮影時、ささっとお菓子を作ってくださった夏井さん。
帆布でしっかりした生地のエプロンを気に入ったようです。

大きめのポケットは仕切りのステッチ入り。キャメルの帆布にネイビーの糸が映える。料理中に使う手ぬぐいも入れられて安心。

後ろのボタンは2カ所にあり、とめる位置で着心地を少し変えられる。ポケットと同じキャメルの帆布でアクセントに。

夏井さんのキッチンは
窓があって日が入り、とても心地いい雰囲気。
リネンのエプロンに
さわやかなストライプのひもが映えます。

ポケットは左右に1つずつ。適度なサイズで手が入る。

B

ひもストライプエプロン

作り方 p.50

無地のリネンに、ひものストライプが映えるデザイン。
ターコイズのストライプ生地は
遊び心を出して斜めに使っています。
長い1本のひもを通しているので、
ひもを引っぱってエプロンの両脇にギャザーを寄せて着ても。

夏井さんは身長 150 ㎝で、
S・M サイズの作品を着用しています。

生地提供／ CHECK&STRIPE
　　　　　 C&S カラーリネン ソイラテ
　　　　　 C&S ストライプ ターコイズ
作品製作／井田ちかこ

Profile

製菓専門学校を卒業後、ベーカリー、カフェで働き、原宿の『Annon
cook』で料理とお菓子作りをする。東京・二子玉川の自宅で、少
人数制の料理教室を主宰。オンラインでの料理教室も。『"メモみ
たいなレシピ"で作る家庭料理のレシピ帖』（小社刊）が好評。
http://natsuikeiko.com　Instagram　@natsuikeiko

8

ウエストギャザーエプロン 作り方 p.52

前身頃と後ろ身頃を同じ型紙にして、ウエストにギャザーを寄せました。
かわいらしい花柄で、テンションアップ。
右上の写真のように両脇でひもを結ぶと、ふんわりした雰囲気に。
右下の写真のように前身頃で後ろ身頃を包み込んで結ぶと、
ギャザーのボリュームが少し抑えられます。

生地提供／humongous
admi Picnic05
作品製作／井田ちかこ

靴下〈ゆりかご〉／en Lille

9

袖口リブかっぽう着 作り方 p.54

袖口にリブをつけたので、好きな位置に上げてしっかり固定できます。
お尻が隠れるくらいの丈は動きやすく、水仕事や庭仕事にぴったりです。
ラウンドした裾に合わせて、ポケットも角丸にしました。

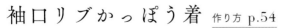

生地提供／nunocoto fabric
petit fleur（イエロー）
作品製作／羽柴麻衣子

ラバーブーツ〈RAKA〉／ Daiichi Rubber

パイピングエプロン 作り方 p.56

前身頃と後ろ身頃それぞれにひもが2本あり、頭からかぶるタイプ。
後ろ身頃のひもを胸の下で結んでから、前身頃のひもを後ろで結びます。
身頃とポケットで柄を違う向きに使い、布端は、バイアステープでパイピングしました。

生地提供／nunocoto fabric
水彩ストライプ（レッド）
作品製作／井田ちかこ

ヘアバンド・靴下〈光と影の模様〉／ meri ja kuu
イージーパンツ／ tumugu:

11

リバーシブルエプロン 作り方 p.58

ピンクのチェック柄とミントブルーの無地でリバーシブル仕立てに。
どちらも薄いローン生地を使っていて、軽い仕上がりです。
甘めの色も、スカートだけのデザインなら挑戦できそう。

生地提供／nunocoto fabric
check!（ピンク）
IRO MUJI（ミントブルー）
作品製作／田中まみ

七分袖ロングＴシャツ／tumugu:
靴下〈光と影の模様〉／meri ja kuu

あの人リクエストの

エプロン かっぽう着 ②

暮らしの道具を多く扱う、生活道具店店主の小池さんが欲しいエプロンをご紹介します。

生活道具店店主　**小池梨江**さん

小池さんのリクエストは、
料理用に丈の短いポケットなしのエプロンと、
買い物に行くときにそのまま着ていけるワンピースのようなエプロン。
どちらもシンプルな無地で、料理用は汚れがわかるような色、
ワンピースタイプは気持ちが上がるローズピンクを選びました。

\Request/

丈：料理用は短く、ワンピースタイプは長く
柄：無地
生地：帆布とリネン
こだわり：料理用は汚れがわかる色に、
　　　　　　ワンピースタイプはきれいな色に

生地提供／布の通販 リデ
　　　11号帆布 55 カラー（16）ライトグレー
作品製作／井田ちかこ

小池さんは身長155cmで、S・Mサイズの型紙を
ベースに、丈を7cm短くして左身頃上下切り替え
線の位置を3cm上げた作品を着用しています。

帆布切り替えエプロン

作り方 p.60

料理用は、水や油で汚れやすい正面と
腰まわりがガードできればOKなので、
ひざ上約20cm丈というのが小池さんのリクエスト。
明るい無地の帆布を切り替えて縫い合わせて、
表情を出しています。

お祭りの衣装、腹掛けのような
短くてポケットのないものが欲しかった小池さん。
洗濯のときに気をつけられるよう、
汚れがわかる色を選びました。

右脇にはふきんを掛けられる
ループが。小池さんは手ぬぐい
を愛用。帆布はパーツ同士を縫
い合わせてから2本ステッチを
入れ、補強＆アクセントに。

家事をしていて、着替えずそのまま
買い物に出かけられます。
きれいな色はやる気を引き出してくれそうです。

右／左利きの小池さんには左手側に2つのポケット
が。鍵を入れられる小さいポケットと、財布を入れら
れるポケットがあるので、手ぶらで出かけることも可
能。左／ループには手ぬぐいをさっと掛けて。

D

ワンピースエプロン

作り方 p.62

ワンピースのように、外出時にも着られるデザイン。
きれいなローズピンクのリネンは、着るだけで明るい気持ちに。
スリットが入っているので、足さばきがスムーズです。

小池さんは身長 155 ㎝で、
S・M サイズの作品を着用しています。

生地提供／ CHECK&STRIPE
　　　　　 C&S カラーリネン オールドローズピンク
作品製作／井田ちかこ

Profile
2009 年に東京・神楽坂に実店舗「くらしの知恵と道具　jokogumo
よこぐも」を開く。お店には、小池さんが日本各地で出会い、直接
生産者さんから買い付けてきた自然素材の手仕事の道具が並ぶ。オ
ンラインショップも。
https://www.jokogumo.jp　Instagram　@jokogumo

12

24

カシュクールエプロン 作り方 p.64

洋服としても着られるカシュクールタイプ。
鮮やかなブルーの生地で作りました。布の量が多いので、薄手の生地がおすすめ。
ひもを前で結べば、羽織りとしても使えて重宝します。

生地提供／清原
　ボイルキャッチワッシャー セルリアンブルー
作品製作／羽柴麻衣子

トートバッグ／tumugu:
靴下〈飴色のかご〉／meri ja kuu

13

ひもフリルエプロン

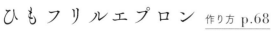

作り方 p.68

生地提供／CHECK&STRIPE
C&S コットンリネンブラックウォッチ
作品製作／羽柴麻衣子

肩ひもにフリルをつけ、ウエストにギャザーを寄せたかわいいデザイン。
甘くなりすぎないようにローウエストにし、落ち着いたブラックウォッチを使いました。
張りのある生地よりも、やわらかい生地がギャザーがきれいに出ます。

靴下〈piste〉／meri ja kuu

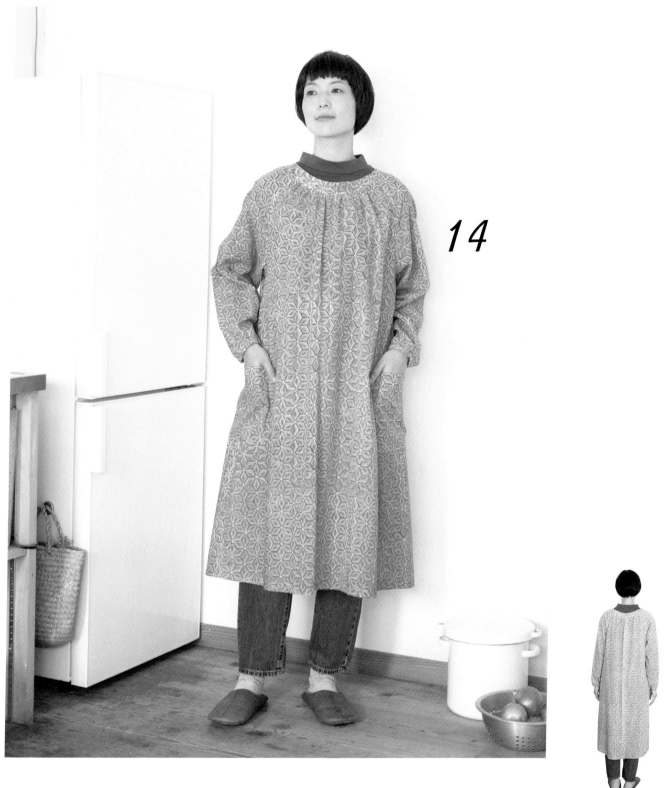

14

スモック風かっぽう着 作り方 p.70

ストンとAラインに広がる、スモックワンピースのようなデザイン。
ラグランスリーブで肩や腕が動かしやすく、袖口にはゴムが入っています。
イエローとグレーの幾何学模様が素敵です。

生地提供／ humongous
GEOMETRIC548 001
作品製作／羽柴麻衣子

靴下〈飴色のかご〉／ meri ja kuu

15

ピンタックエプロン

身頃にピンタックをたくさん入れ、ポケットにも少しあしらいました。
薄手から普通地くらいの生地が適しています。
首ひもの長さは、結んで調節可能です。やわらかなラベンダー色が魅力的。

生地提供／清原
　　先染めボイルダンガリーワッシャー ラベンダー
作品製作／羽柴麻衣子

プルオーバー・パンツ／tumugu:
靴下〈飴色のかご〉／meri ja kuu

エプロン かっぽう着 ③

整理収納アドバイザーの水谷さんのご希望は、コンパクトになるという視点が新鮮でした。

整理収納アドバイザー　水谷妙子さん

水谷さんは料理用の夫婦で使えるエプロンと、整理収納サービスの
仕事用にコンパクトになるエプロンが欲しいとのことでした。
料理用は使い込むほどに味わいが出そうな帆布で、
夫婦ともに好きなカーキ色をチョイス。
整理収納用は飽きがこない長く使いたくなる生地です。

\Request/

丈：ひざ上くらい
柄：無地
生地：帆布とリネンツイル
こだわり：料理用は夫婦で使えるように。
　　　　　　仕事用はコンパクトになるように

生地提供／布の通販 リデ
11号帆布 55 カラー（36）オリーブ
作品製作／井田ちかこ

水谷さんは身長167cmで、
L・LLサイズの作品を着用しています。

夫婦で使えるエプロン

作り方 p.74

カーキの帆布に生成りのひもを使い、
夫婦どちらにも似合うようにしました。
バックルに合わせて生成りの糸を使い、
ステッチを目立たせています。
夫婦ともに左利きなので、
バックルは左手でとめやすい位置に。

食洗機からお皿をさっと吊り戸棚へ。
エプロンを身に着ければ動線のよい水谷家のキッチンで、
汚れを気にせず効率よく家事ができそうです。

夫婦で使うから、肩と腰のひ
もは長さ調整ができるよう
に。水谷さんのアイデアでワ
ンタッチでとめられるバック
ルにした。

ポケットは大きいものが1つ。
スマートフォンが取り出しや
すいように仕切りのステッチ
を入れた。

整理収納サービスで個人宅や店舗に行く際は、
いろんな場所をメジャーで計測し、
ノートにメモするそう。
胸にはペンポケットがあって便利。

ウエストポケットにはノートやメジャー、
マスキングテープ入りのポーチが入る。
さらにスマートフォン用の内ポケットも。

F

ポケッタブルエプロン

作り方 p.76

ギンガムチェックの大きなポケットが特徴。
エプロン全体をたたんでポケットにまとめられ、
持ち歩きに便利です。
本体は着心地のいいリネンツイルを使っています。

水谷さんは身長 167 cmで、
L・LL サイズの作品を着用
しています。

生地提供／ CHECK&STRIPE
　　　　　　リネンツイル グレー
　　　　　　C&S ギンガムチェック ブラック
作品製作／井田ちかこ

Profile
武蔵野美術大学卒業後、無印良品で生活雑貨の商品企画・デザイン
を 13 年間務める。夫と 3 人の子供と 5 人暮らし。インスタグラム
や雑誌などでの整理収納アイデアやモノ選び情報が人気。『水谷妙
子の片づく家』（小社刊）が好評。
https://taekomizutani.com　Instagram　@monotokazoku

1
ウエストポケットの
幅に合わせて下身頃
の両側を折り、胸当
てを下身頃側に折る。

2
裾から折っていく。

3
ウエストポケットに
入れる。

4
約縦 24 ×横 29 cmと
コンパクトに。

ソーイングの基礎 ①

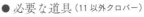

● **必要な道具**（11以外クロバー）

1 **ハトロン紙** 型紙を写すときに使う。

2 **50cm定規** 型紙を写すときや長さを測るとき、布に線を引くときに使う。
　　方眼のラインが入ったものは、縫い代をつけるときに便利。

3 **布用転写紙** 布に印をつけるときに使う。両面タイプと片面タイプがある。

4 **ソフトルレット** 布に印をつけるときに、布用転写紙とセットで使う。

5 **リッパー** 糸をほどいたり、ボタンホールを作るときに使う。

6 **目打ち** ミシンで縫うときの布送りや、角を出すときに使う。

7 **ひも通し** ゴムテープを通すときに使う。なければ安全ピンで代用可能。

8 **まち針・ピンクッション** まち針は布同士を固定するときに使う。
　　まっすぐなものを使うこと。必要なときにすぐ使えるよう、ピンクッションに刺しておく。

9 **チャコペン** 布に印をつけるときに使う。水で消えるタイプや時間で消えるタイプ、
　　ペン型のチャコなどさまざま。

10 **裁ちバサミ** 布を裁つときに使う。
　　布以外のものを切ると切れ味が悪くなってしまうので注意。

11 **紙切りバサミ** 型紙を切り取るときに使う。

12 **カットワークはさみ** 切り込みを入れたり、糸を切るときに使う。

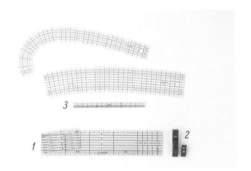

● **あると便利な道具**（全てクロバー）

1 **アイロン定規** 耐熱性の素材でできていて、縫い代を折るときに使う。

2 **仮止めクリップ** まち針を打ちにくい厚手の生地などに使う。
　　長いタイプは縫い代が広いところに便利。

3 **カーブ定規〈ミニものさし付〉** 衿ぐりや袖ぐりなどの型紙を写すときに使う。
　　ミニサイズの直線定規は細かいところのサイズを測るのに便利。

● **生地について**

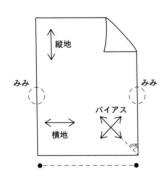

みみ 布の両端のほつれない部分のこと。

バイアス みみに対して斜め45度の角度のこと。最も布が伸びやすい。この性質を利用したのがバイアステープ。

布幅 布のみみからみみまでの幅。

縦地 布のタテ糸の方向のこと。みみに対して平行。型紙にある布目線はこの方向に合わせる。

横地 布のヨコ糸の方向のこと。みみに対して垂直。
※一般的に横地は縦地より伸びやすい。

● **地直しについて**

新しい布はタテ糸とヨコ糸が直角に交わらずゆがんでいることがあります。そのまま裁って仕上げると、作品のシルエットがくずれたり、左右がアンバランスになったりしてしまうことも。これを防ぐために裁断前に水に通して、タテ糸とヨコ糸が直角になるよう整えることを地直しといいます。粗織りのコットンや麻などは、地直しをすることで縫製後の縮みを防げます。

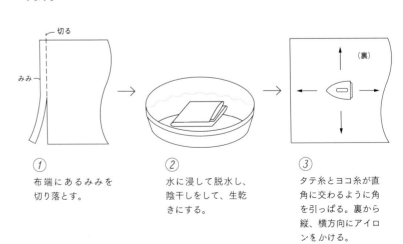

① 布端にあるみみを切り落とす。

② 水に浸して脱水し、陰干しをして、生乾きにする。

③ タテ糸とヨコ糸が直角に交わるように角を引っぱる。裏から縦、横方向にアイロンをかける。

● 型紙の作り方

①作りたい作品とサイズが決まったら、実物大型紙の必要なパーツにマーカーなどで印をつけておくと写しやすい。
②実物大型紙の上にハトロン紙を重ね、定規を使って①のラインとダーツの印や布目線など全ての印を写す。
③型紙を全て写せた。

④実物大型紙や裁ち合わせ図で縫い代の幅を確認し、直線は定規をあてて、曲線はカーブに沿って細かく印をつけてつなぐ。
⑤縫い代の線が全て引けた。
⑥縫い代の線でカットする。型紙ができた。

裾や袖口の型紙のポイント　縫い合わせて筒状になる部分は、縫い代が不足したり余ったりしないように注意が必要。

〈裾〉

①でき上がり線で折る。
②脇の縫い代線に沿ってカットする。こうすると縫い代が余らない。

〈袖口〉

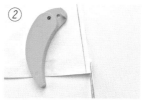

①袖下と袖口に線を引いておく。
②でき上がり線で折り、袖下の縫い代線に沿ってカット。こうすると縫い代が不足しない。

● ギャザーの寄せ方

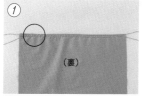

縫い始めと縫い終わりを返し縫いしないで縫い代に粗ミシンを2本かけ、糸端はそれぞれ約5cm残す。

0.5
0.2
できあがり線

下糸2本を一緒に引いてギャザーを寄せる。

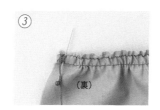

まち針をとめて8の字のように巻きつけるとギャザーを固定できる。

縫い代にアイロンをかけてギャザーを整える。

● ボタンホールの作り方

ボタンホールの長さは、「ボタンの直径＋ボタンの厚み」にします。ボタンホールは、ボタンつけ位置から縦穴の場合は0.2〜0.3cm上から、横穴の場合は0.2〜0.3cm端側から作り始めてください。違うサイズのボタンを使う場合は、イラストを参考にサイズを調整してください。

● ダーツの縫い方

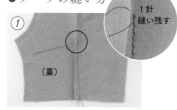
1針縫い残す
(裏)

ダーツの線と線を中表に合わせて布端から縫う。縫い始めは返し縫いをし、縫い終わりは1針分縫い残して糸端を約10cm残す。

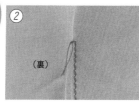
(裏)

糸端を2回結ぶ。さらに糸端を2本一緒に固結びにして切る。

(表)

表から見たところ。ダーツが縫えた。

〈縦穴の場合〉　〈横穴の場合〉

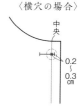
中央
0.2〜0.3cm

3,4 肩のこらないエプロン Photo p.6,7
を作ってみましょう

実物大型紙：(A面)　前身頃、後ろ身頃、肩ひも、ポケット、見返し
でき上がりサイズ：着丈 S・M 92.5 ／ L・LL 97.5 cm
　　　　　　　　　　身幅 104.5 cm
材料：3 表布　C&S カラーリネン ブルー 105 cm幅× 200 cm
　　　4 表布　home(ピンク) 110 cm幅× 200 cm

裁ち合わせ図
＊縫い代は指定以外 1 cm

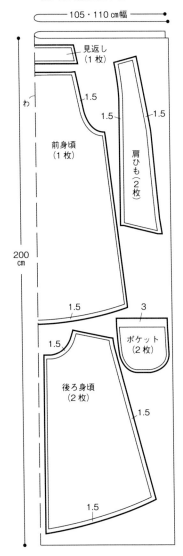

1 各パーツを作ります
〈ポケット〉

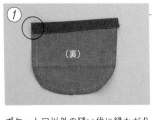

ポケット口以外の縫い代に縁かがり
ミシンをかける。ポケット口の縫い
代を 1 cm→ 2 cmの三つ折りにして
縫う。

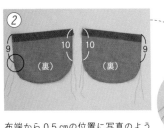

布端から 0.5 cmの位置に写真のよう
に粗ミシンをかける。縫い始めと縫
い終わりの糸端は各5cm残しておく。

ポケット口以外の縫い代を折る。カー
ブ部分は②の粗ミシンの糸を引い
て丸みを出し、でき上がり線にアイ
ロンをかける。

〈見返し〉

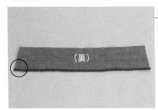
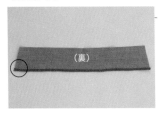

見返しの下側の縫い代を 0.5 cm
→ 0.5 cmの三つ折りにして縫う。

2 身頃を縫い合わせ、肩ひもと見返しをつけます

前身頃と後ろ身頃の脇、
後ろ身頃の肩ひもつけ側
に縁かがりミシンをかけ
る。前身頃と後ろ身頃を
中表にして脇を縫う。縫
い代は割る。

肩ひもの後ろつけ側に縁
かがりミシンをかける。
身頃と肩ひもを中表にし
て縫い、縫い代は割る。

肩ひもの内側の縫い代を
0.7 → 0.7 cmの三つ折りに
して縫う。

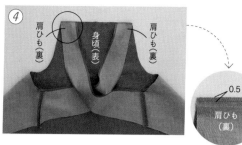

身頃と肩ひもの前つけ側を中表にして仮どめ
する。このとき、左右の肩ひもは交差させる。
布の表裏をひっくり返さないように注意する
こと。

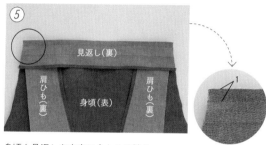

身頃と見返しを中表に合わせて縫う。

見返しを表に返してアイロンで形を整える。

3 身頃と肩ひもの縫い代を始末します

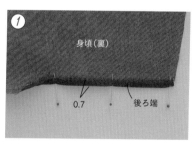

身頃の後ろ端と肩ひもの外側と袖ぐりの縫い
代を 0.7 → 0.7 cmの三つ折りにする。

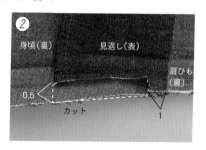

布が重なる見返し部分は、布をカットして厚
みを減らす。見返しをカットする。

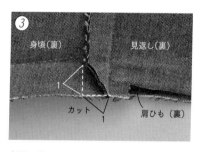

身頃と見返しの上側の縫い代は角を斜めに
カットする。

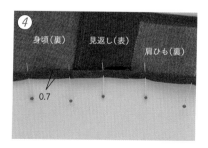

厚みが減らせたら、0.7 → 0.7 cmの三つ折り
にする。

肩ひもの後ろつけ側の縫い代もはみ出た部分
をカットし、0.7 → 0.7 cmの三つ折りにする。

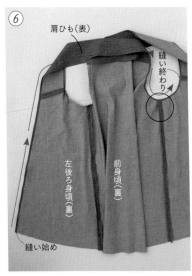

⑥ 肩ひも（表）
縫い終わり
左後ろ身頃（裏）
前身頃（裏）
縫い始め

0.2

左後ろ身頃の後ろ端の裾から縫い始めて、写真のように右後ろ身頃の肩ひもつけ位置まで縫う。

⑦ 肩ひも（表）
縫い始め
左後ろ身頃（裏）
前身頃（裏）
右後ろ身頃（裏）
縫い終わり

左後ろ身頃の肩ひもつけ位置から縫い始めて、写真のように右後ろ身頃の後ろ端の裾まで縫う。

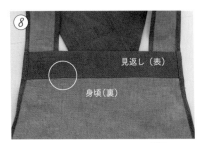

⑧ 見返し（表）
身頃（裏）

見返しの下側と身頃を縫う。

0.2

4 裾を縫います

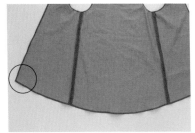

身頃（裏）
0.7 0.2

裾の縫い代を 0.7 → 0.7 cmの三つ折りにして縫う。

完成！

5 ポケットをつけます

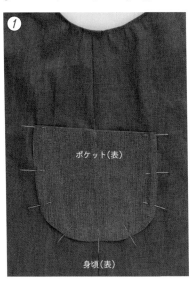

① ポケット（表）
身頃（表）

ポケットを身頃のポケットつけ位置に前側と後ろ側を確認してまち針でとめる。

②

ポケットを縫う。始めと終わりは三角に縫う。

0.5
0.2

6 ベーシックなかっぽう着 *Photo* p.10,11
を作ってみましょう

実物大型紙:（B面）前身頃、後ろ身頃、袖、前見返し、後ろ見返し、
　　　　　　スマホポケット、脇ポケット、タブ、ひも

でき上がりサイズ:着丈 S・M 92.5 ／ L・LL 96.5 cm
　　　　　　　身幅 S・M 49.5 ／ L・LL 52.5 cm、袖丈 S・M 40 ／ L・LL 43 cm

材料:表布　リネンシーチング 110 cm幅× S・M 300 ／ L・LL 320 cm　接着芯　60 × 25 cm
　　　ゴムテープ　タブ用 1.8 cm幅 10 cm、袖口用 1 cm幅 50 cm

1 各パーツを作ります

裁ち合わせ図

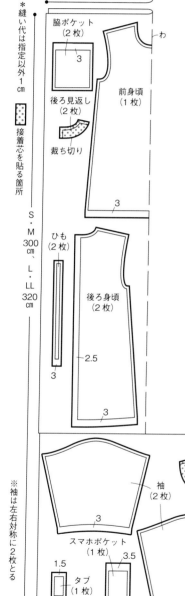

〈ポケット〉

ポケット口以外の縫い代を折る。

ポケット口の縫い代を 1 cm → 2 cmの三つ折りにして縫う。2 枚作る。スマホポケットも同様に作る（ポケット口の縫い代は 1 cm → 2.5 cmの三つ折り）。

〈見返し〉

前見返しと後ろ見返しそれぞれの裏に接着芯を貼る。

前見返しと後ろ見返しを中表に合わせ、肩を縫う。

縫い代を割り、下側に縁かがりミシンをかける。

〈タブ〉

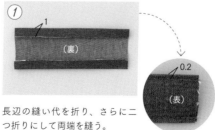

長辺の縫い代を折り、さらに二つ折りにして両端を縫う。

ゴムテープを通す。

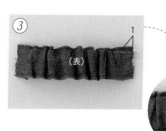

仮どめする。まずは両端から 1 cmの位置を普通の針目で縫い、さらに両端から 2.5 cmの位置を粗い針目で縫う。こうすることで、身頃につける際にギャザーが動くのを防げる。

〈ひも〉

① 長辺の縫い代を折る。

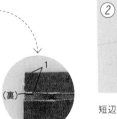
② 短辺の片端の縫い代を折る。

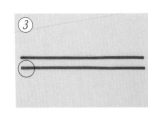
③ 長辺を外表に二つ折りにして縫う。

〈袖〉

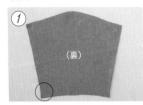
① 袖下の下側15cmくらいに、それぞれ縁かがりミシンをかける。

② 袖口の縫い代を1cm→2cmの三つ折りにしてアイロンをかける。

2 ポケットを前身頃につけます

① スマホポケットを前身頃に重ねて縫う。始めと終わりは補強のため2・3度重ね縫いをする。

② さらに脇ポケットを前身頃に重ねて縫う。始めと終わりはコの字に縫う。

③ もう1枚の脇ポケットも縫う。

3 肩を縫います

前身頃と後ろ身頃を中表に合わせて肩を縫い、縫い代に縁かがりミシンをかける。縫い代は後ろ身頃側に倒す。

4 袖をつけ、脇を縫います

① 身頃と袖を中表に合わせて縫い、縫い代に縁かがりミシンをかける。縫い代は袖側に倒す。

② 袖と脇をそれぞれ中表に合わせ、袖口に通し口を残して、袖下と脇を縫う。袖の下側にかかっている縁かがりミシンと2〜3cm重ねて縫い代に縁かがりミシンをかける。

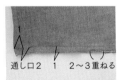
通し口2　1　2〜3重ねる

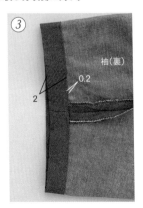
③ 袖口の縫い代を1cm→2cmの三つ折りにして縫う。

5 見返しとタブをつけます

身頃と見返しを中表に合わせて衿ぐりを縫い、縫い代に切り込みを入れる。

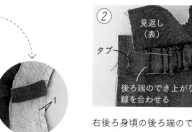

右後ろ身頃の後ろ端のでき上がり線にタブのでき上がり線を合わせて重ね、まち針でとめる。

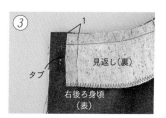

見返しを重ねて縫う。

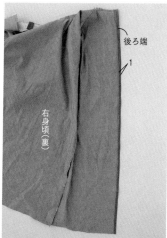

右身頃の後ろ端の縫い代を1cm折り、アイロンをかけておく。

見返しを表に返す。見返しの下あたりまで、後ろ端をでき上がり線で折っておく。

タブのもう片端を②と同様に左後ろ身頃の後ろ端のでき上がり線と合わせてまち針でとめる。

③・④と同様に作り、タブの粗ミシンを2本抜く。

見返しを表に返して形を整え、後ろ端を1cm→1.5cmの三つ折りに整えて見返しの下側と身頃を縫う。

6 身頃の後ろ端と裾を縫います

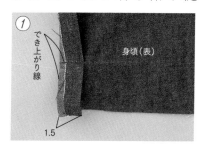

後ろ端の裾から下の縫い代をでき上がり線で中表に折り、写真のように縫う。

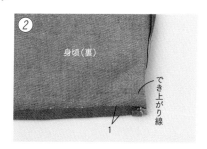

裾の縫い代を1cm折ってアイロンをかける。

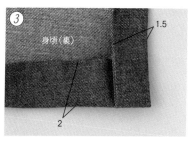

裾の縫い代をさらに2cm折ってアイロンをかける。後ろ端の裾は指を入れて返し、整える。

④

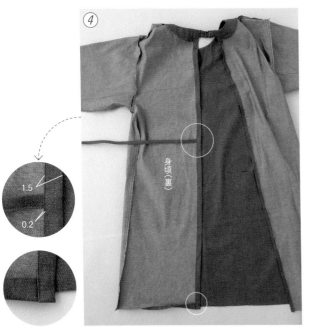

1.5

0.2

身頃（裏）

後ろ端の縫い代を1.5cm折り、アイロンをかける。ひものつけ側を後ろ端のひもつけ位置に合わせて挟み、見返しの下側から裾まで縫う。

⑤

身頃（裏）

ステッチ

ひもを折り返して補強のステッチをする。

⑥

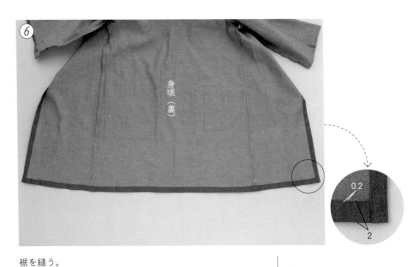

身頃（裏）

0.2

2

裾を縫う。

7 袖口にゴムを通します

袖（裏）

3重ねる

通し口からゴムテープ（24cm）を通し、両端を3cm重ねて縫う。

完成！

How to make

作り始める前に

・作品は、綴じ込み付録の実物大型紙を使って作ります。直線でできているパーツは、型紙がないものもあります。作り方ページの寸法図や裁ち合わせ図を参照して、ご自身で型紙を作るか、布に直接線を引いてご用意ください。

・生地の用尺や寸法、材料などひとつの数字で表示されているものは2サイズ共通です。

・生地の用尺は、裁ち合わせ図に示した布幅の場合です。布幅が変わると使用量も変わります。また、柄や素材に方向性のある生地を使う場合などは、余裕を持って生地を用意しましょう。

・生地に全ての型紙を配置し、確認してから裁断してください。

・イラスト中の数字の単位は㎝です。

ヌード寸法（㎝）

・下の表とでき上がりサイズを参考にしてください。

・「あの人リクエストの」以外のページのモデルは身長165㎝で、L・LLサイズの作品を着用しています。20ページのリバーシブルエプロンは作り方のサイズのままの作品を着用しています。

単位＝㎝	S・M	L・LL
バスト	78〜83	88〜93
ウエスト	59〜64	69〜74
ヒップ	86〜90	94〜98
身長	158	166

1 肩掛けエプロン *Photo* p.4

実物大型紙：（A面）身頃、肩ひも

でき上がりサイズ：着丈 S・M 76 ／ L・LL 80 cm

身幅 S・M 103 ／ L・LL 109 cm

材料：表布　Pool Green × Navy（2）112 cm幅× S・M 150 ／ L・LL 160 cm

別布 50 × 70 cm

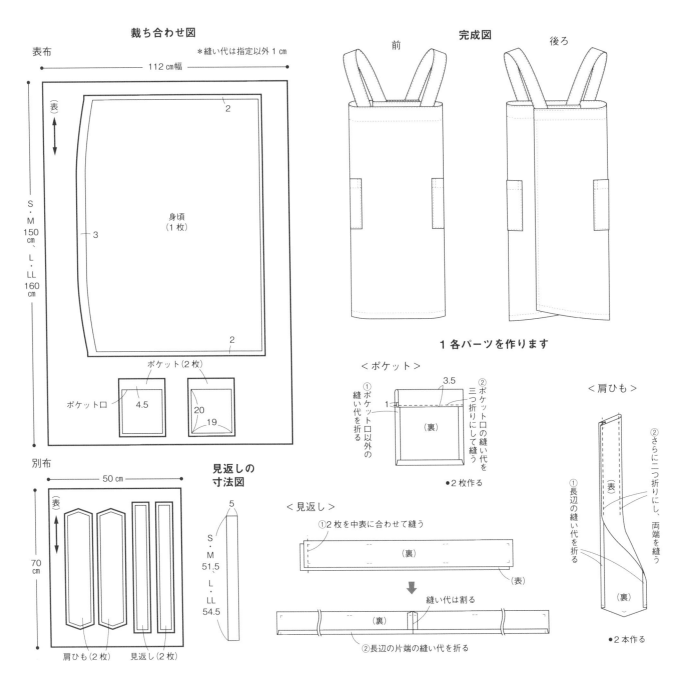

裁ち合わせ図

表布

＊縫い代は指定以外 1 cm

112 cm幅

（表）

2

3

身頃
（1枚）

2

ポケット（2枚）

ポケット口

4.5

20

19

別布

50 cm

（表）

70 cm

肩ひも（2枚）　　見返し（2枚）

**見返しの
寸法図**

5

S・M
51.5
L・LL
54.5

完成図

前　　　　　　　後ろ

1 各パーツを作ります

＜ポケット＞

①ポケット口以外の縫い代を折る

3.5

1

②ポケット口の縫い代を三つ折りにして縫う

（裏）

●2枚作る

＜見返し＞

①2枚を中表に合わせて縫う

（裏）

（表）

縫い代は割る

（裏）

②長辺の片端の縫い代を折る

＜肩ひも＞

（表）

①長辺の縫い代を折る

②さらに三つ折りにし、両端を縫う

（裏）

●2本作る

2 身頃を作ります

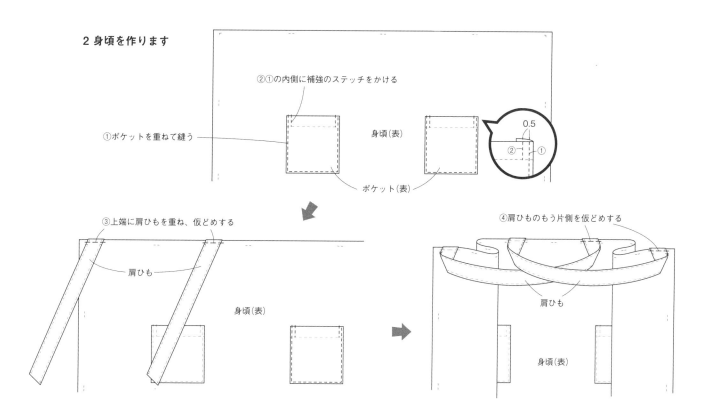

②①の内側に補強のステッチをかける

①ポケットを重ねて縫う

身頃(表)

0.5

② ①

ポケット(表)

③上端に肩ひもを重ね、仮どめする

肩ひも

身頃(表)

④肩ひものもう片側を仮どめする

肩ひも

身頃(表)

3 まとめます

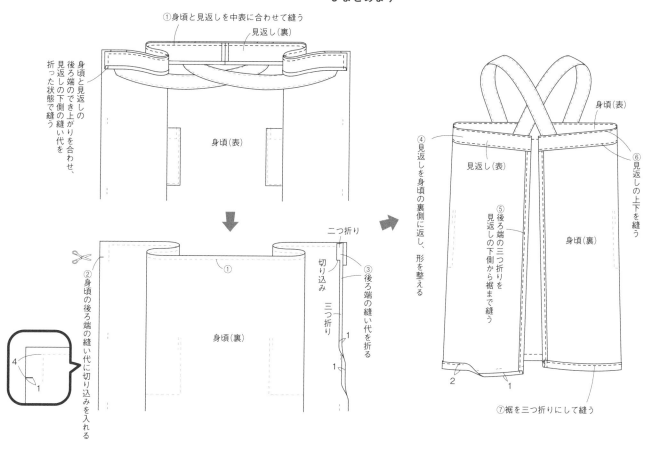

①身頃と見返しを中表に合わせて縫う

見返し(裏)

身頃と見返しの後ろ端のでき上がりを合わせ、見返しの下側の縫い代を折った状態で縫う

身頃(表)

②身頃の後ろ端の縫い代に切り込みを入れる

身頃(裏)

4

1

二つ折り

切り込み

三つ折り

1

1

③後ろ端の縫い代を折る

④見返しを身頃の裏側に返し、形を整える

見返し(表)

⑤後ろ端の三つ折りを見返しの下側から裾まで縫う

身頃(裏)

身頃(表)

⑥見返しの上下を縫う

2   1

⑦裾を三つ折りにして縫う

5 やさしい気持ちエプロン *Photo* p.8

実物大型紙：(B面)身頃
でき上がりサイズ：着丈(上端から裾)S・M 101.5／L・LL 107.5 cm
材料：表布　Garden Olive × Beige(102) 110 cm幅× S・M 200／L・LL 210 cm

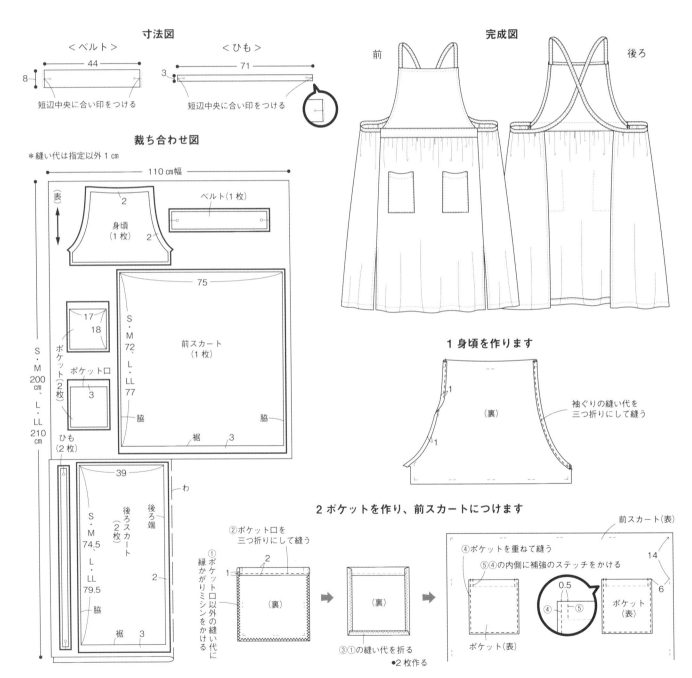

寸法図

＜ベルト＞

44
8
短辺中央に合い印をつける

＜ひも＞

71
3
短辺中央に合い印をつける

完成図

前　　　後ろ

裁ち合わせ図

＊縫い代は指定以外 1 cm

110 cm幅

(表)

身頃
(1 枚)
2
2

ベルト(1 枚)

75

S・M 72、L・LL 77

前スカート
(1 枚)

脇　　　脇

裾　3

17
18

ポケット
(2 枚)

ポケット口
3

ひも
(2 枚)

S・M 200 cm、L・LL 210 cm

39

後ろ端

後ろスカート
(2 枚)

S・M 74.5、L・LL 79.5

脇

裾　3

わ

2

2

ポケット口以外の縫い代に縁かがりミシンをかける

1 身頃を作ります

1

(裏)

1

袖ぐりの縫い代を三つ折りにして縫う

2 ポケットを作り、前スカートにつけます

①ポケット口以外の縫い代に縁かがりミシンをかける

②ポケット口を三つ折りにして縫う

1
2

(裏)

(裏)

③①の縫い代を折る

●2 枚作る

前スカート(表)

④ポケットを重ねて縫う
⑤④の内側に補強のステッチをかける

14

0.5
④　⑤

ポケット(表)

6

ポケット(表)

44

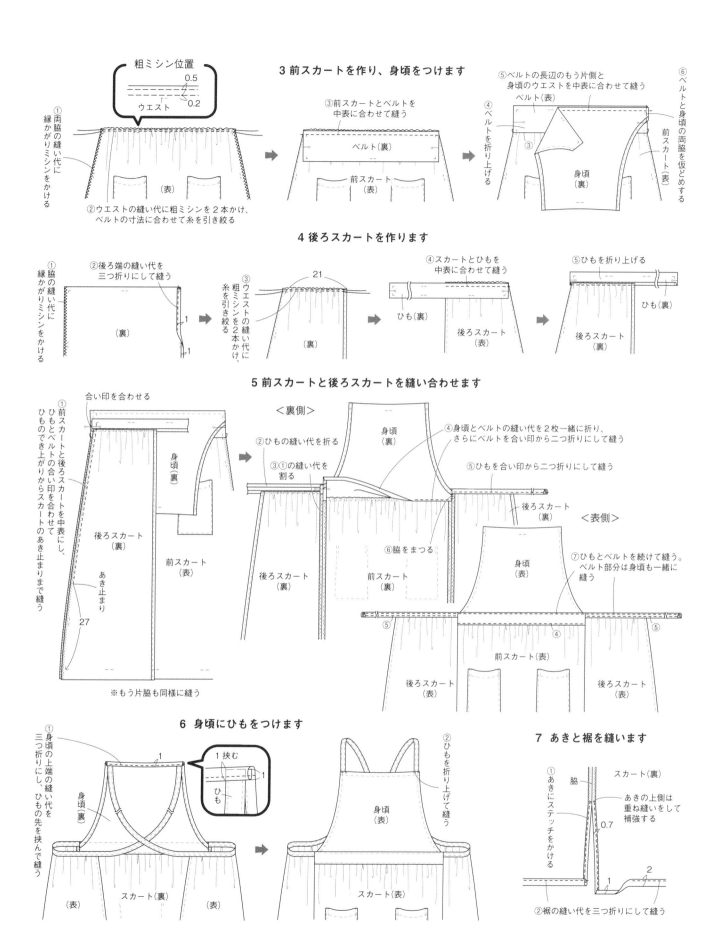

3 前スカートを作り、身頃をつけます

粗ミシン位置
0.5
ウエスト
0.2

①両脇の縫い代に縁かがりミシンをかける

②ウエストの縫い代に粗ミシンを2本かけ、ベルトの寸法に合わせて糸を引き絞る

(表)

③前スカートとベルトを中表に合わせて縫う

ベルト(裏)

前スカート(表)

⑤ベルトの長辺のもう片側と身頃のウエストを中表に合わせて縫う

ベルト(表)

④ベルトを折り上げる

③

身頃(裏)

⑥ベルトと身頃の両脇を仮どめする

前スカート(表)

4 後ろスカートを作ります

①脇の縫い代に縁かがりミシンをかける

②後ろ端の縫い代を三つ折りにして縫う

(裏)

1

1

③ウエストの縫い代に粗ミシンを2本かけ、糸を引き絞る

21

(裏)

④スカートとひもを中表に合わせて縫う

ひも(裏)

後ろスカート(表)

⑤ひもを折り上げる

ひも(裏)

後ろスカート(裏)

5 前スカートと後ろスカートを縫い合わせます

①前スカートと後ろスカートの合い印を合わせてひもとベルトの合い印を合わせて、ひものでき上がりからスカートのあき止まりまで縫う

合い印を合わせる

身頃(裏)

後ろスカート(裏)

前スカート(表)

あき止まり
27

※もう片脇も同様に縫う

＜裏側＞

②ひもの縫い代を折る

③①の縫い代を割る

後ろスカート(裏)

身頃(裏)

前スカート(裏)

⑥脇をまつる

④身頃とベルトの縫い代を2枚一緒に折り、さらにベルトを合い印から二つ折りにして縫う

⑤ひもを合い印から二つ折りにして縫う

後ろスカート(裏)

＜表側＞

身頃(表)

⑦ひもとベルトを続けて縫う。ベルト部分は身頃も一緒に縫う

⑤

④

前スカート(表)

後ろスカート(表)

後ろスカート(表)

⑤

6 身頃にひもをつけます

①身頃の上端の縫い代を三つ折りにし、ひもの先を挟んで縫う

1

1 挟む

1

ひも

身頃(裏)

スカート(裏)

(表)

(表)

②ひもを折り上げて縫う

身頃(表)

スカート(表)

7 あきと裾を縫います

①あきにステッチをかける

脇

スカート(裏)

あきの上側は重ね縫いをして補強する

0.7

1

2

②裾の縫い代を三つ折りにして縫う

7 サイドゴムかっぽう着 *Photo* p.12

実物大型紙:（C面）前身頃、後ろ身頃、袖、前見返し、後ろ見返し

でき上がりサイズ: 着丈 S・M 102.5 ／ L・LL 107 cm

身幅 S・M 51 ／ L・LL 54.5 cm

袖丈 S・M 53 ／ L・LL 56.5 cm

材料: 表布　Spangles　Lemon × White（2）110 cm幅× S・M 320 ／ L・LL 350 cm

接着芯　50 × 25 cm

ゴムテープ　袖口用 1 cm幅 50 cm、脇用 1.8 cm幅 35 cm

ボタン　1.8 cm径を 2 個

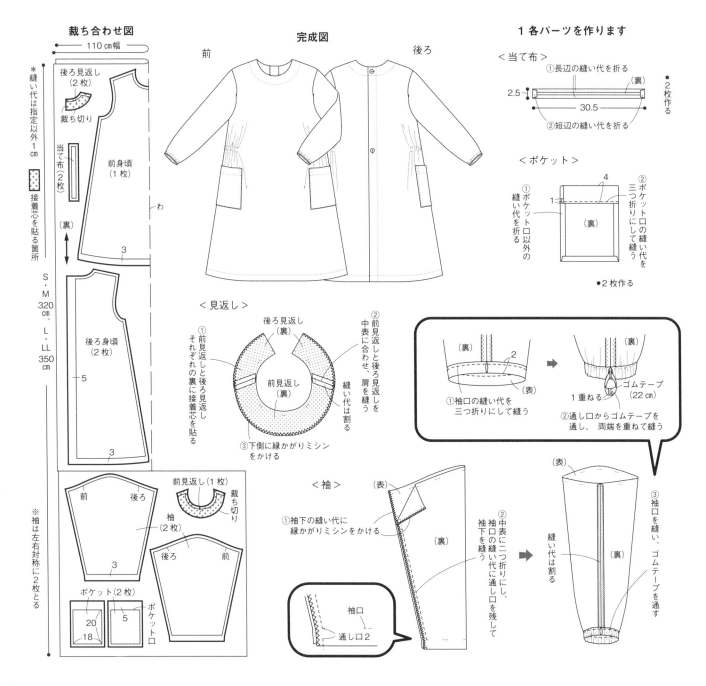

2 前身頃と後ろ身頃の脇を縫います

①前身頃と後ろ身頃を中表に合わせて
脇を縫い、縫い代に縁かがり
ミシンをかける。
縫い代は後ろ身頃側に倒す

後ろ身頃（裏）

前身頃（表）

後ろ身頃（表）

前身頃（表）

②ポケットを重ねて縫う

③②の内側に
補強のステッチ
をかける

0.5

② ③

ポケット（表）

前身頃（裏）　後ろ身頃（裏）

前身頃（表）　後ろ身頃（裏）

2縫い残す

④身頃の裏に当て布を重ね、
上下を縫う

当て布（表）

⑤④にゴムテープを通し、ゴムテープの端を
当て布の短辺の縫い代で包んで縫う

ゴムテープ
当て布 ④ → ⑤ 0.5

ゴムテープ（15㎝）

⑥④で縫い残した部分を縫う

前身頃（裏）　後ろ身頃（裏）

⑦当て布のもう片方まで
ゴムテープを通し、
⑤・⑥と同様に縫う

3 衿ぐりと後ろ端の始末をします

4
後ろ端

後ろ身頃（表）

1 （裏）

①前身頃と後ろ身頃の肩を中表に縫い、
縫い代に縁かがりミシンをかける

縫い代は
後ろ身頃側に
倒す

前身頃（表）

前身頃（表）

後ろ身頃（裏）　後ろ身頃（裏）

②後ろ端の衿ぐり部分の縫い代を
図のように折る

後ろ端

後ろ身頃（表）

見返し（裏）

後ろ身頃（表）

③身頃と見返しを
中表に合わせて
衿ぐりを縫う

後ろ身頃（裏）　切り込み

見返し（裏）

前身頃（表）

④縫い代に切り込みを入れ、
表に返して形を整える

前身頃（表）　見返し（表）

⑤後ろ端の縫い代を
裾まで縫う

⑥見返しの下側と身頃を
縫う

1

4

1

後ろ身頃（裏）

4 袖をつけます

①身頃と袖を中表に合わせ、
肩と袖山の位置を合わせて
袖ぐりを縫う

後ろ身頃（表）

袖（裏）

前身頃（裏）

②①の縫い代に
縁かがりミシンをかける

後ろ身頃（表）

袖（裏）

前身頃（裏）

5 まとめます

①2カ所にボタンホールをあける

②2カ所にボタンをつける

後ろ身頃（表）

前身頃（裏）

③裾の縫い代を三つ折りにして縫う

（裏）

2

1

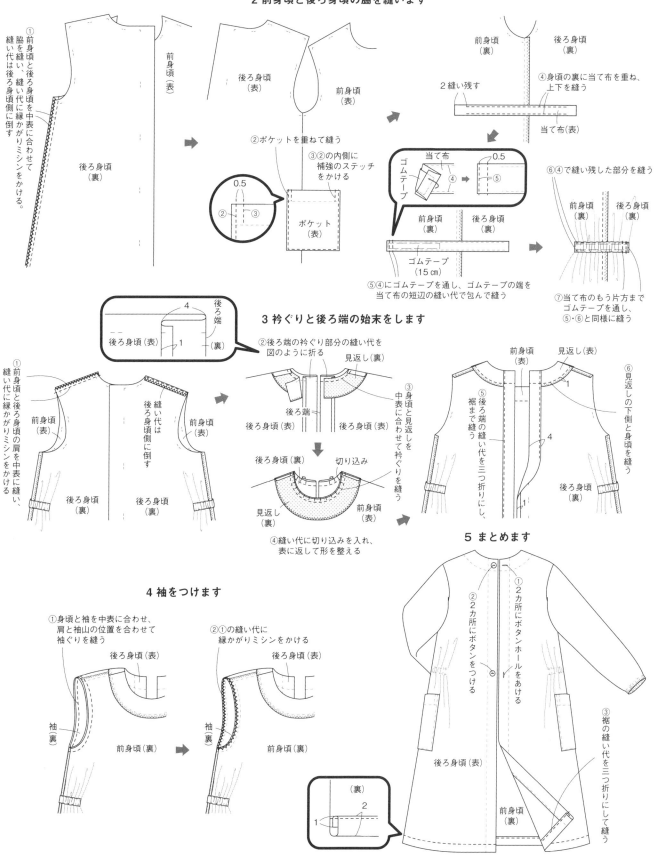

A バイカラーエプロン _Photo_ p.13

実物大型紙: (B面) 身頃、見返し、タブ
でき上がりサイズ: 着丈 S・M 92 ／ L・LL 92 cm
  身幅 S・M 96 ／ L・LL 100 cm
材料: 表布　11号帆布 55 カラー（55）ネイビー 110 cm幅×160 cm
  別布　11号帆布 55 カラー（18）キャメル 65 × 30 cm
  ボタン　2 cm径を2個

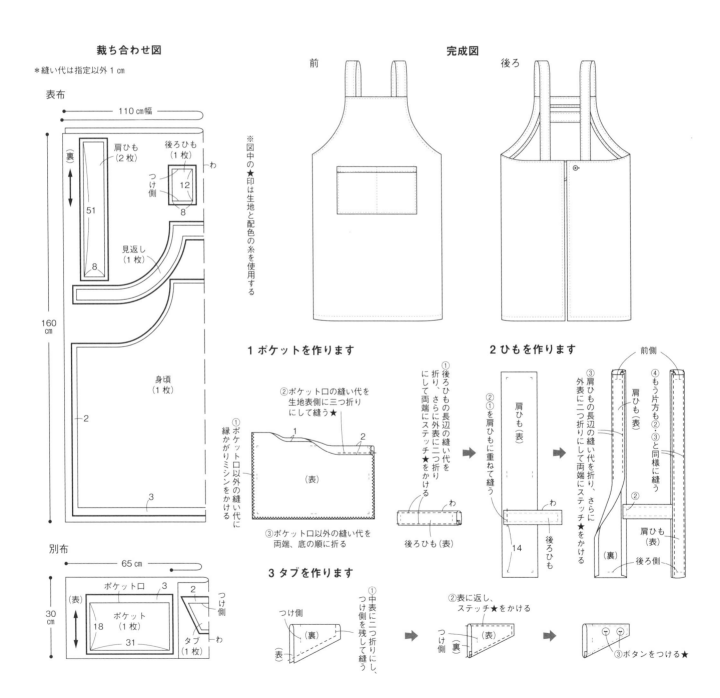

裁ち合わせ図

※縫い代は指定以外 1 cm

表布

110 cm幅

肩ひも（2枚）　51　8

後ろひも（1枚）　12　8　つけ側　わ

（裏）

見返し（1枚）

身頃（1枚）

160 cm

2

3

※図中の★印は生地と配色の糸を使用する

別布

65 cm

30 cm

ポケット口　3

（表）

ポケット（1枚）　18　31

2　つけ側　わ

タブ（1枚）

完成図

前　後ろ

1 ポケットを作ります

① ポケット口以外の縫い代に縁かがりミシンをかける

② ポケット口の縫い代を生地表側に三つ折りにして縫う★

（表）　1　2

③ ポケット口以外の縫い代を両端、底の順に折る

2 ひもを作ります

① 後ろひもの長辺の縫い代を折り、さらに外表にして両端にステッチ★をかける

② ①を肩ひもに重ねて縫う

肩ひも（表）

後ろひも（表）

わ　14　後ろひも

③ 肩ひもの長辺の縫い代を折り、さらに二つ折りにして両端にステッチ★をかける

④ もう片方も②・③と同様に縫う

前側　肩ひも（表）　肩ひも（表）　後ろ側

②　（裏）

3 タブを作ります

① 中表に二つ折りにし、つけ側を残して縫う

つけ側　（裏）（表）

② 表に返し、ステッチ★をかける

つけ側　（裏）（表）

③ ボタンをつける★

4 見返しを作ります

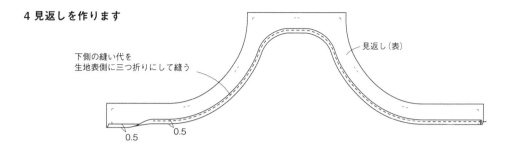

下側の縫い代を
生地表側に三つ折りにして縫う

見返し（表）

0.5　0.5

5 身頃を作ります

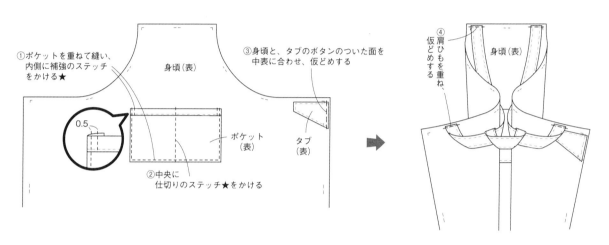

①ポケットを重ねて縫い、
内側に補強のステッチ
をかける★

0.5

身頃（表）

②中央に
仕切りのステッチ★をかける

ポケット
（表）

③身頃と、タブのボタンのついた面を
中表に合わせ、仮どめする

タブ
（表）

④肩ひもを重ね、
仮どめする

身頃（表）

6 まとめます

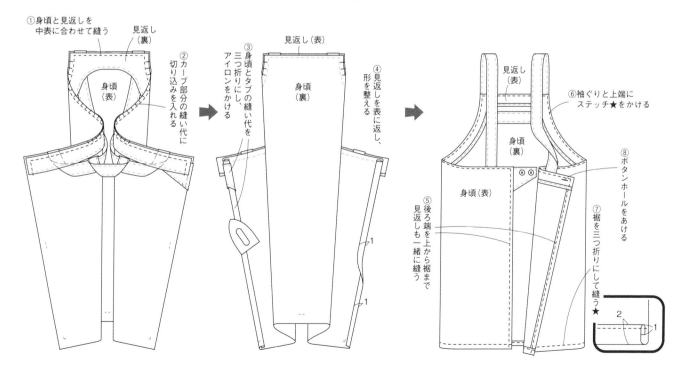

①身頃と見返しを
中表に合わせて縫う

見返し
（裏）

身頃
（表）

②カーブ部分の縫い代に
切り込みを入れる

③身頃とタブの縫い代を
三つ折りにし、
アイロンをかける

見返し（表）

身頃
（裏）

④見返しを表に返し、
形を整える

1

1

見返し
（表）

身頃
（裏）

身頃（表）

⑤後ろ端を上から裾まで
見返しも一緒に縫う

⑥袖ぐりと上端に
ステッチ★をかける

⑧ボタンホールをあける

⑦裾を三つ折りにして縫う★

2　1

$\mathcal{B}$ ひもストライプエプロン *Photo* p.15

実物大型紙：なし

でき上がりサイズ：着丈 S・M 102 ／ L・LL 102 ㎝
身幅 S・M 80 ／ L・LL 84 ㎝

材料：表布　C&S カラーリネン ソイラテ 105 ㎝幅× 120 ㎝
別布　C&S ストライプ ターコイズ 90 × 50 ㎝

裁ち合わせ図

＊縫い代は指定以外 1 ㎝

表布

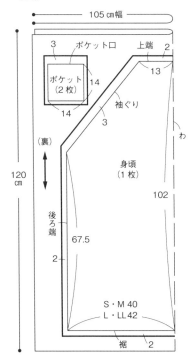

別布

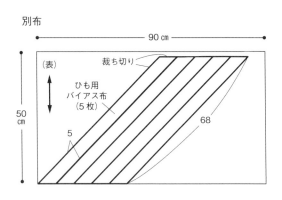

完成図

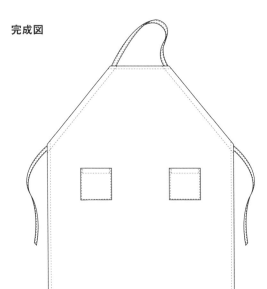

1 ひもを作ります

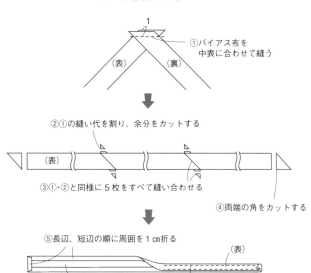

①バイアス布を
中表に合わせて縫う

②①の縫い代を割り、余分をカットする

③①・②と同様に 5 枚をすべて縫い合わせる

④両端の角をカットする

⑤長辺、短辺の順に周囲を 1 ㎝折る

⑥長辺を外表に二つ折りにし、周囲にステッチをかける

2 ポケットを作ります

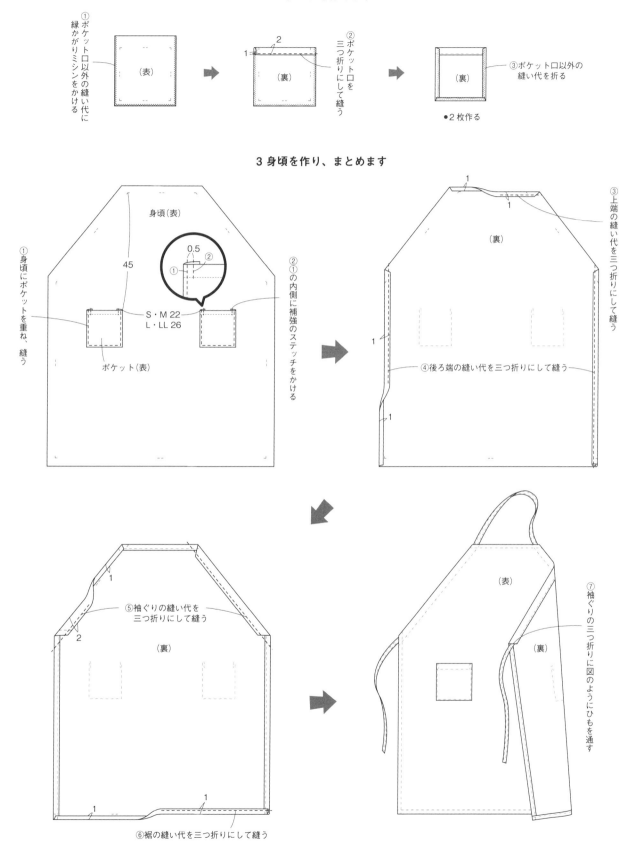

① ポケット口以外の縫い代に縁かがりミシンをかける

(表)

1　2

(裏)

② ポケット口を三つ折りにして縫う

(裏)

③ ポケット口以外の縫い代を折る

● 2枚作る

3 身頃を作り、まとめます

① 身頃にポケットを重ね、縫う

身頃(表)

45

0.5

②

①

S・M 22
L・LL 26

ポケット(表)

②①の内側に補強のステッチをかける

(裏)

1
1

③上端の縫い代を三つ折りにして縫う

1

1

④後ろ端の縫い代を三つ折りにして縫う

1

⑤袖ぐりの縫い代を三つ折りにして縫う

2

(裏)

⑥裾の縫い代を三つ折りにして縫う

1

1

(表)

(裏)

⑦袖ぐりの三つ折りに図のようにひもを通す

8 ウエストギャザーエプロン *Photo* p.16

実物大型紙:（B面）身頃、スカート、見返し
でき上がりサイズ:着丈 S・M 100 ／ L・LL 106 cm
材料:表布　admi Picnic05　110 cm幅× S・M 240 ／ L・LL 250 cm
接着芯　80 × 25 cm
ひも　1 cm幅 3.2 m

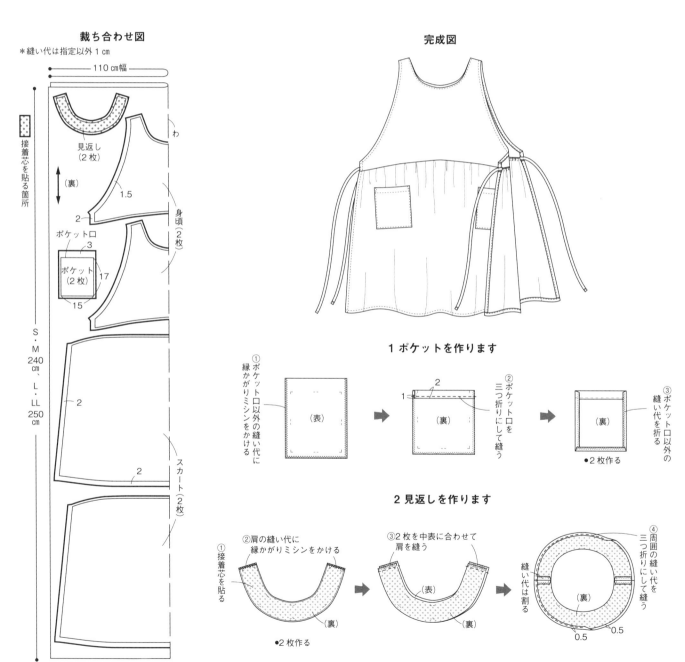

裁ち合わせ図

＊縫い代は指定以外 1 cm

110 cm幅

接着芯を貼る箇所

見返し（2枚）（裏）

1.5

2

ポケット口　3

ポケット（2枚）

17

15

わ

身頃（2枚）

2

2

スカート（2枚）

2

S・M 240 cm、L・LL 250 cm

完成図

1 ポケットを作ります

①ポケット口以外の縫い代に縁かがりミシンをかける

（表）

2

1

②ポケット口を三つ折りにして縫う

（裏）

③ポケット口以外の縫い代を折る

（裏）

●2枚作る

2 見返しを作ります

①接着芯を貼る

②肩の縫い代に縁かがりミシンをかける

（裏）

●2枚作る

③2枚を中表に合わせて肩を縫う

（表）

（裏）

④周囲の縫い代を三つ折りにして縫う

縫い代は割る

（裏）

0.5

0.5

0.5

3 身頃を作ります

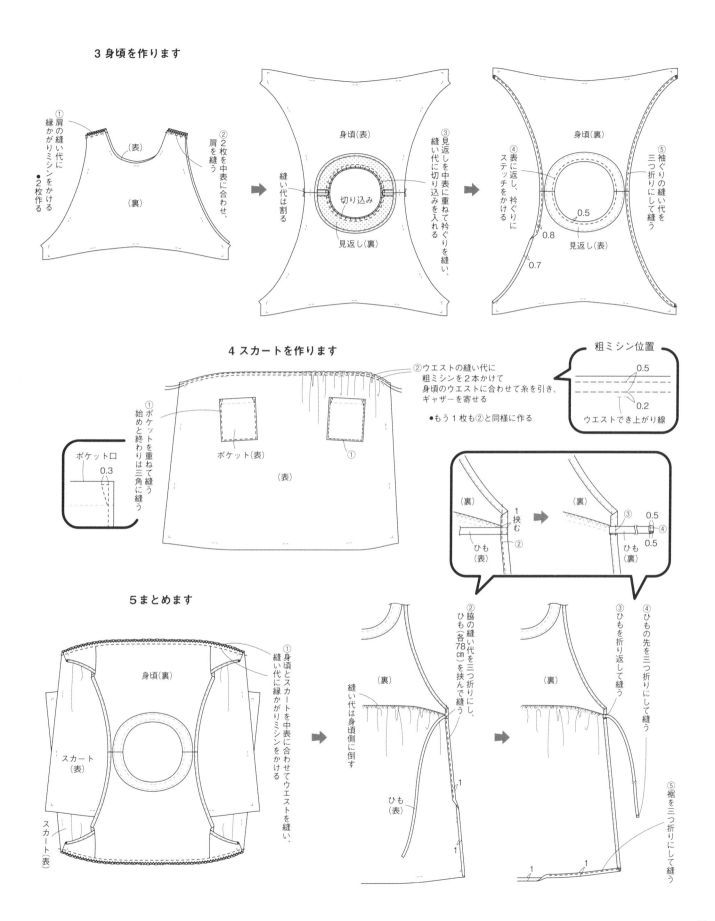

①肩の縫い代に縁かがりミシンをかける
●2枚作る

②2枚を中表に合わせ、肩を縫う

(表)
(裏)

縫い代は割る

身頃(表)
切り込み
見返し(裏)

③見返しを中表に重ねて衿ぐりを縫い、縫い代に切り込みを入れる

身頃(裏)
0.5
見返し(表)

④表に返し、衿ぐりにステッチをかける
0.8
0.7

⑤袖ぐりの縫い代を三つ折りにして縫う

4 スカートを作ります

ポケット口
0.3

①ポケットを縫う
始めと終わりは重ねて三角に縫う

ポケット(表)
①
(表)

②ウエストの縫い代に粗ミシンを2本かけて身頃のウエストに合わせて糸を引き、ギャザーを寄せる

●もう1枚も②と同様に作る

粗ミシン位置
0.5
0.2
ウエストでき上がり線

(裏)
1 挟む
ひも(表)
②

(裏)
③ 0.5
ひも(裏) ④ 0.5

5 まとめます

身頃(裏)
スカート(表)
スカート(表)

①身頃とスカートを中表に合わせてウエストを縫い、縫い代に縁かがりミシンをかける

(裏)
縫い代は身頃側に倒す
ひも(表)
1
1

②脇の縫い代を三つ折りにし、ひも(各78cm)を挟んで縫う

(裏)
③ひもを折り返して縫う
④ひもの先を三つ折りにして縫う
1 1

⑤裾を三つ折りにして縫う

9 袖口リブかっぽう着 *Photo* p.18

実物大型紙：（C面）前身頃、後ろ身頃、袖、前見返し、後ろ見返し

でき上がりサイズ：着丈 S・M 71 ／ L・LL 74 cm

身幅 S・M 49.5 ／ L・LL 52.5 cm

袖丈 S・M 42 ／ L・LL 45 cm

材料：表布　petit fleur（イエロー）110 cm幅 S・M 200 ／ L・LL 240 cm

カフス用リブ 50 × 25 cm

接着芯　50 × 60 cm

ゴムテープ　1.8 cm幅 10 cm

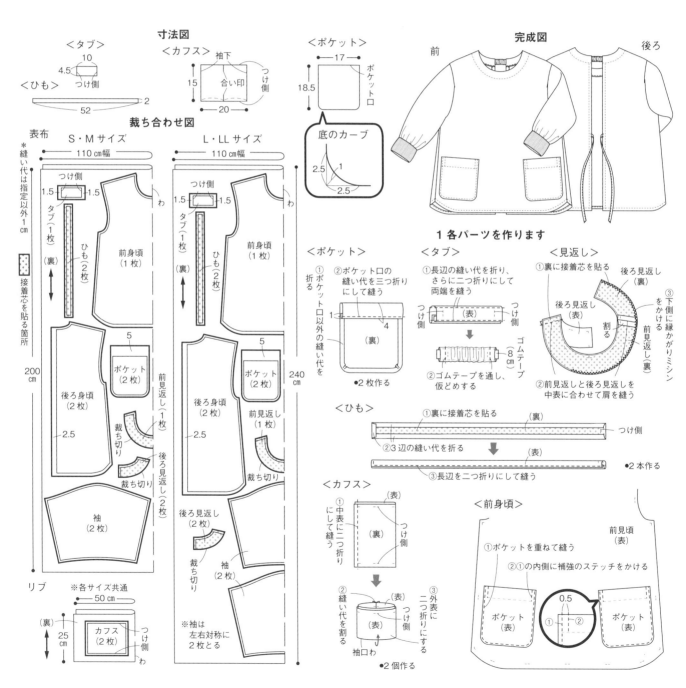

寸法図

＜タブ＞
10
4.5
つけ側

＜ひも＞
52
2

＜カフス＞
袖下
15
合い印
20
つけ側

＜ポケット＞
17
18.5
ポケット口

底のカーブ
2.5　1
2.5

完成図
前　後ろ

裁ち合わせ図

表布
※縫い代は指定以外1cm

S・Mサイズ　110 cm幅
つけ側
1.5　1.5
タブ（1枚）
ひも（2枚）（裏）
前身頃（1枚）
わ
5
ポケット（2枚）
後ろ身頃（2枚）
2.5
前見返し（1枚）
裁ち切り
後ろ見返し（2枚）
裁ち切り
袖（2枚）
200 cm
接着芯を貼る箇所

L・LLサイズ　110 cm幅
つけ側
1.5　1.5
タブ（1枚）
ひも（2枚）（裏）
前身頃（1枚）
わ
5
ポケット（2枚）
後ろ身頃（2枚）
2.5
前見返し（1枚）
裁ち切り
後ろ見返し（2枚）
裁ち切り
袖（2枚）
240 cm
※袖は左右対称に2枚とる

リブ　※各サイズ共通
50 cm
25 cm
（裏）
カフス（2枚）
つけ側
わ

1 各パーツを作ります

＜ポケット＞
①ポケット口以外の縫い代を折る
②ポケット口の縫い代を三つ折りにして縫う
1
4
（裏）
●2枚作る

＜タブ＞
①長辺の縫い代を折り、さらに二つ折りにして両端を縫う
つけ側　つけ側　（表）
②ゴムテープを通し、仮どめする
ゴムテープ 8cm

＜見返し＞
①裏に接着芯を貼る
後ろ見返し（裏）
後ろ見返し（表）
③下側に縁かがりミシンをかける
前見返し
割る
前見返し（裏）
②前見返しと後ろ見返しを中表に合わせて肩を縫う

＜ひも＞
①裏に接着芯を貼る
（裏）
つけ側
②3辺の縫い代を折る
（表）
③長辺を二つ折りにして縫う
●2本作る

＜カフス＞
①中表に二つ折りにして縫う
（裏）
つけ側
②縫い代を割る
（表）
つけ側
③外表に二つ折りにする
袖口わ
●2個作る

＜前身頃＞
前見頃（表）
①ポケットを重ねて縫う
②①の内側に補強のステッチをかける
ポケット（表）　ポケット（表）
0.5
①　②

2 肩を縫い、見返しをつけます

①後ろ身頃1枚にタブを重ね、仮どめする
でき上がりを合わせる

②前身頃と後ろ身頃を中表に合わせ、肩を縫う

前身頃（表）

後ろ身頃（裏）

後ろ身頃（裏）

（表）

③②の縫い代に縁かがりミシンをかける

④身頃と見返しを中表に合わせて衿ぐりを縫い、縫い代に切り込みを入れる

縫い代は後ろ身頃側に倒す

後ろ身頃（表）

後ろ身頃（表）

切り込み

見返し（裏）

前身頃（表）

⑤タブを仮どめしたほうのみ後ろ端を縫う

⑥見返しを表に返し、後ろ身頃同士を中表に合わせてゴムのもう片側を仮どめする

前身頃（裏）

見返し（表）

後ろ身頃（裏）

後ろ身頃（表）

⑦⑥に見返しを重ねて縫う

前身頃（裏）

見返し（表）

見返し（裏）

後ろ身頃（裏）

⑧表に返して形を整え、後ろ端の縫い代を三つ折りにする

⑨後ろ端を三つ折りにした状態のまま見返しを縫う

前身頃（裏）

後ろ身頃（裏）

後ろ身頃（裏）

3

1.5

1

⑩後ろ端の三つ折りにひもを挟んで縫う

⑪ひもを折り返して縫う

ひも

ひも

1挟む

ひも

3 袖をつけ、脇を縫います

②身頃と袖を中表に合わせて縫い、縫い代に縁かがりミシンをかける

後ろ身頃（表）

袖（表）

袖（裏）

前身頃（裏）

①前身頃と後ろ身頃の脇の縫い代にそれぞれ縁かがりミシンをかける

③袖下と脇をそれぞれ中表に合わせて縫う

④③の縫い代に縁かがりミシンをかける。裾までは縫わず、裾のでき上がりから7cm手前まで縫う

後ろ身頃（表）

10

7

4 袖にカフスをつけます

①袖とカフスの袖下と中央の合い印を合わせて、カフスを伸ばしながら、中表に重ねて縫う

袖（裏）

カフス

②①の縫い代に縁かがりミシンをかけ、表に返して形を整える

袖（裏）

カフス

5 裾を縫います

前身頃（裏）

後ろ身頃（裏）

割る

裾の縫い代を三つ折りにして縫う

0.5

0.5

10 パイピングエプロン <section>*Photo* p.19</section>

実物大型紙：(D面)前身頃、後ろ身頃

でき上がりサイズ：着丈 S・M 92 ／ L・LL 97 cm

材料：表布　水彩ストライプ（レッド）110 cm幅 S・M 200 ／ L・LL 210 cm

バイアステープ　3 cm幅 S・M 9.3 ／ L・LL 9.6 m

裁ち合わせ図

＊縫い代は指定以外裁ち切り

110 cm幅

（裏）

わ

1

前身頃
（1枚）

S・M 200 cm、L・LL 210 cm

1

ポケット
（1枚）

ポケット口

32

3

21

1

後ろ身頃
（1枚）

完成図

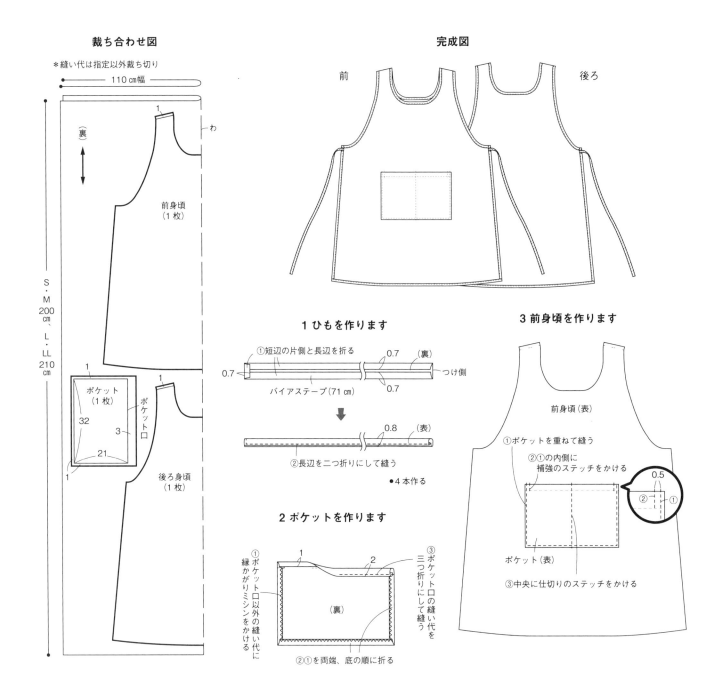

前

後ろ

1 ひもを作ります

①短辺の片側と長辺を折る

0.7

（裏）

0.7

つけ側

0.7

バイアステープ（71 cm）

0.8

（表）

②長辺を二つ折りにして縫う

●4本作る

2 ポケットを作ります

1

2

①ポケット口以外の縫い代に縁かがりミシンをかける

③ポケット口の縫い代を三つ折りにして縫う

（裏）

②①を両端、底の順に折る

3 前身頃を作ります

前身頃（表）

①ポケットを重ねて縫う

②①の内側に補強のステッチをかける

0.5

②　①

ポケット（表）

③中央に仕切りのステッチをかける

56

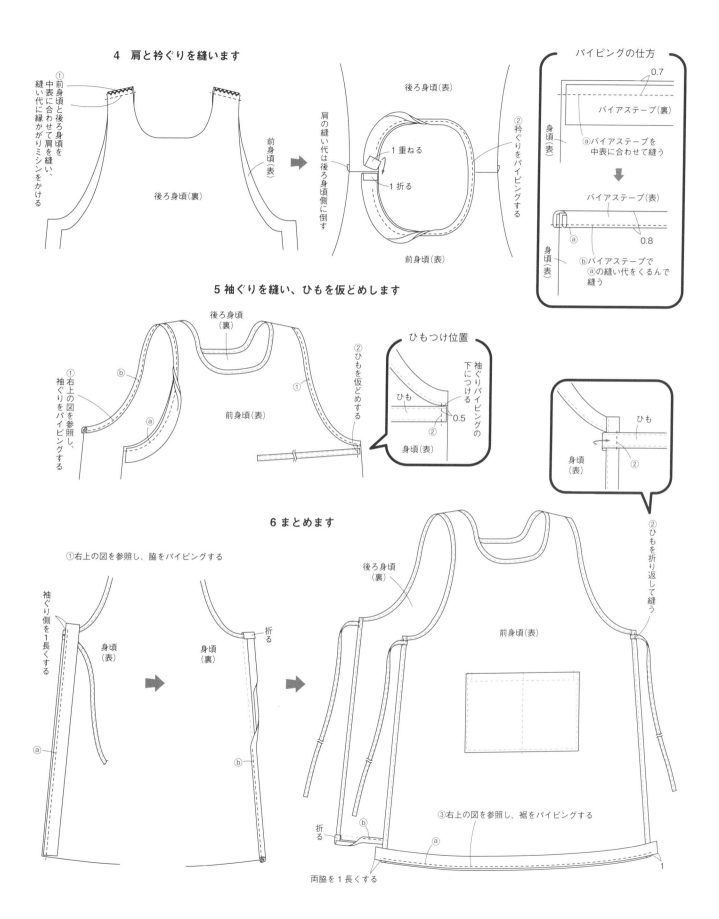

4 肩と衿ぐりを縫います

①前身頃と後ろ身頃を中表に合わせて肩を縫い、縫い代に縁かがりミシンをかける

後ろ身頃(裏)

前身頃(表)

肩の縫い代は後ろ身頃側に倒す

後ろ身頃(表)

1重ねる

1折る

前身頃(表)

②衿ぐりをパイピングする

パイピングの仕方

0.7

バイアステープ(裏)

身頃(表)

ⓐバイアステープを中表に合わせて縫う

バイアステープ(表)

0.8

ⓐ

身頃(表)

ⓑバイアステープでⓐの縫い代をくるんで縫う

5 袖ぐりを縫い、ひもを仮どめします

①右上の図を参照し、袖ぐりをパイピングする

ⓑ

ⓐ

後ろ身頃(裏)

①

前身頃(表)

②ひもを仮どめする

ひもつけ位置

袖ぐりパイピングの下につける

ひも

②

0.5

身頃(表)

身頃(表)

ひも

②

②ひもを折り返して縫う

6 まとめます

①右上の図を参照し、脇をパイピングする

袖ぐり側を1長くする

身頃(表)

ⓐ

折る

身頃(裏)

ⓑ

後ろ身頃(裏)

前身頃(表)

折る

ⓑ

両脇を1長くする

③右上の図を参照し、裾をパイピングする

ⓐ

1

11 リバーシブルエプロン *Photo* p.20

実物大型紙：なし

でき上がりサイズ：着丈 48.5 ㎝

　　　　　　　　　身幅 55 ㎝

材料：表布　check!（ピンク）110 ㎝幅× 130 ㎝

　　　　裏布　IRO MUJI（ミントブルー）110 ㎝幅× 55 ㎝

裁ち合わせ図

＊縫い代は指定以外 1 ㎝

表布

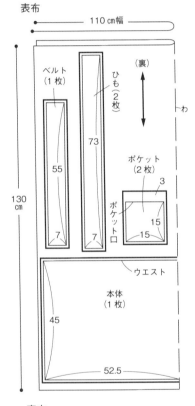

- 110 ㎝幅
- ベルト（1 枚）
- 55
- 7
- ひも（2 枚）（裏）
- 73
- 7
- ポケット（2 枚）
- 3
- 15
- 15
- ポケット口
- （裏）
- わ
- ウエスト
- 本体（1 枚）
- 130 ㎝
- 45
- 52.5

裏布

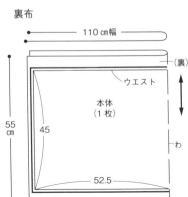

- 110 ㎝幅
- （裏）
- ウエスト
- 本体（1 枚）
- 45
- 55 ㎝
- わ
- 52.5

完成図

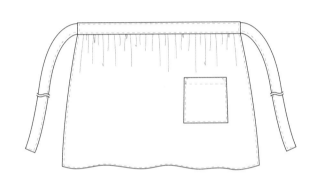

1 ひもを作ります

- ①中表に二つ折りにして、つけ側を残して縫う
- （裏）
- つけ側
- （表）
- ②表に返し、ステッチをかける
- （表）
- ●2 本作る

2 ベルトを作ります

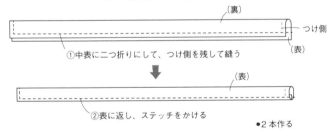

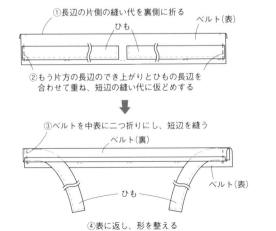

- ①長辺の片側の縫い代を裏側に折る
- ひも
- ベルト（表）
- ②もう片方の長辺のでき上がりとひもの長辺を合わせて重ね、短辺の縫い代を仮どめする
- ③ベルトを中表に二つ折りにし、短辺を縫う
- ベルト（裏）
- ひも
- ベルト（表）
- ④表に返し、形を整える

3 ポケットを作ります

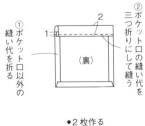

- ②ポケット口の縫い代を三つ折りにして縫う
- 2
- 1
- ①ポケット口以外の縫い代を折る
- （裏）
- ●2 枚作る

4 本体を作ります

①ポケットを重ねて縫う。
始めと終わりは三角に縫う

ウエスト

ポケット口

0.3

14.5

20.5

ポケット口

表布(表)

ポケット
(表)

※裏布も同様に作る

表布(表)

裏布(裏)

②表布と裏布を中表に合わせ、ウエストを残して縫う

裏布(表)

表布(表)

③表に返して形を整え、3辺にステッチをかける

④ウエストの縫い代に粗ミシンを2本かけて
糸を引き、ベルトの寸法に合わせてギャザーを寄せる

表布(表)

粗ミシン位置
0.5

0.2

ウエスト
でき上がり線

5 まとめます

①ベルトの長辺の縫い代が折れていないほうを
本体表布と中表に合わせてウエストを縫う

ベルト(表)

本体表布(表)

②ベルトを起こし、①の縫い代を
ベルト側に倒して形を整える

ベルト(表)

本体裏布(表)

③ベルトの周囲にステッチをかける

本体表布(表)

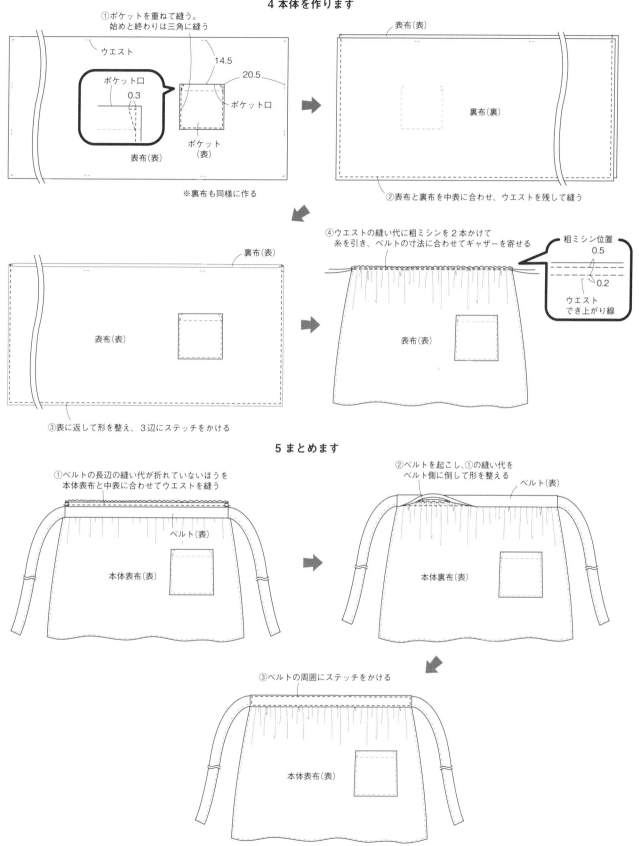

c 帆布切り替えエプロン *Photo* p.21

実物大型紙:（D面）身頃、見返し

でき上がりサイズ: 着丈 S・M 70 ／ 76 cm、
　　　　　　　　　　身幅 S・M 96 ／ L・LL 98 cm

材料: 表布　11号帆布 55 カラー （16）ライトグレー 110 cm幅× 160 cm

※実物大型紙は中央で二つ折りになっています。
　下の図を参考に、わを開いた状態で型紙をお取りください

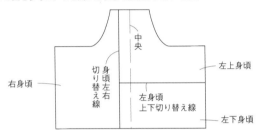

右身頃

中央

身頃左右切り替え線

左上身頃

左身頃上下切り替え線

左下身頃

完成図

前

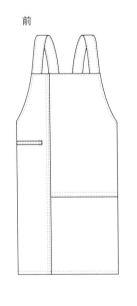

後ろ

裁ち合わせ図

＊縫い代は指定以外 1 cm

110 cm幅

160 cm

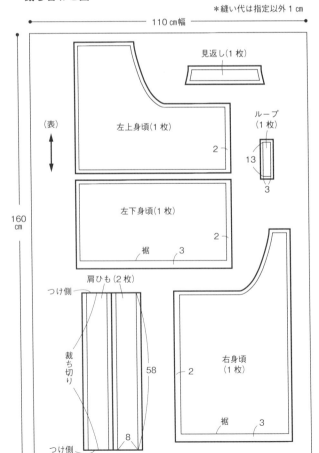

（表）

見返し（1 枚）

左上身頃（1 枚）

2

ループ（1 枚）

13

3

左下身頃（1 枚）

2

裾　3

肩ひも（2 枚）

つけ側

裁ち切り

58

8

つけ側

右身頃（1 枚）

2

裾　3

1 肩ひもを作ります

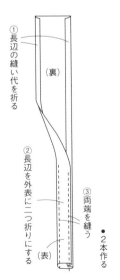

①長辺の縫い代を折る

（裏）

②長辺を外表に二つ折りにする

③両端を縫う

（表）

●2本作る

2 見返しを作ります

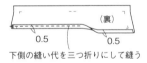

（裏）

0.5　　　0.5

下側の縫い代を三つ折りにして縫う

3 ループを作ります

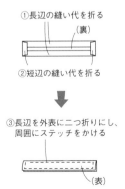

①長辺の縫い代を折る

（裏）

②短辺の縫い代を折る

③長辺を外表に二つ折りにし、周囲にステッチをかける

（表）

4 身頃を作ります

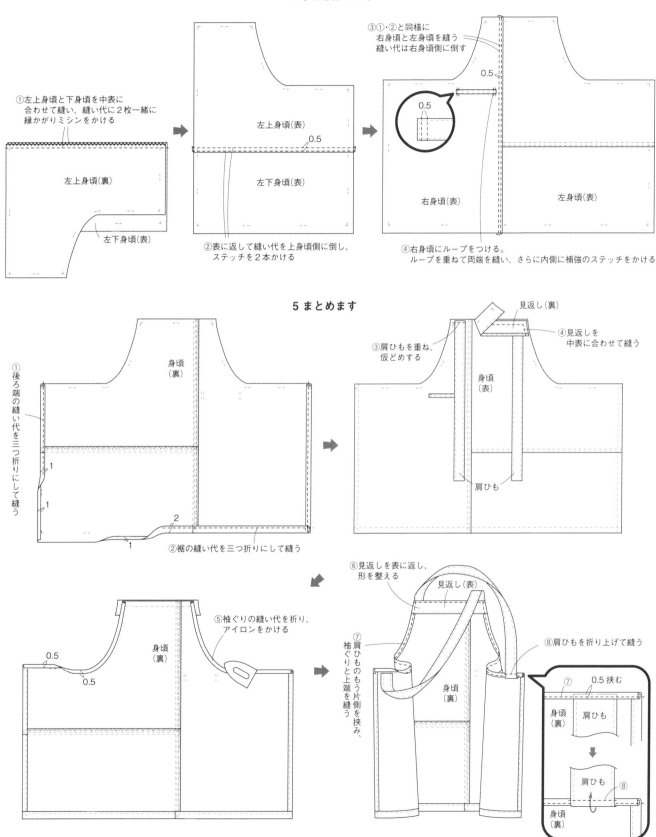

①左上身頃と下身頃を中表に
合わせて縫い、縫い代に2枚一緒に
縁かがりミシンをかける

左上身頃(裏)

左下身頃(表)

左上身頃(表)

0.5

左下身頃(表)

②表に返して縫い代を上身頃側に倒し、
ステッチを2本かける

③①・②と同様に
右身頃と左身頃を縫う
縫い代は右身頃側に倒す

0.5

0.5

右身頃(表)

左身頃(表)

④右身頃にループをつける。
ループを重ねて両端を縫い、さらに内側に補強のステッチをかける

5 まとめます

①後ろ端の縫い代を三つ折りにして縫う

身頃
(裏)

1

1

1

2

②裾の縫い代を三つ折りにして縫う

③肩ひもを重ね、
仮どめする

見返し(裏)

④見返しを
中表に合わせて縫う

身頃
(表)

肩ひも

⑤袖ぐりの縫い代を折り、
アイロンをかける

0.5

0.5

身頃
(裏)

⑥見返しを表に返し、
形を整える

見返し(表)

⑦肩ひものもう片側を挟み、袖ぐりと上端を縫う

身頃
(裏)

⑧肩ひもを折り上げて縫う

⑦ 0.5挟む

身頃
(裏)

肩ひも

身頃
(裏)

肩ひも ⑧

D ワンピースエプロン *Photo* p.23

実物大型紙:(A面)前身頃、後ろ身頃、前見返し、後ろ見返し

でき上がりサイズ:着丈 S・M 101／L・LL 100.5 cm

身幅 S・M 51／L・LL 54 cm

材料:表布　C&S カラーリネン オールドローズピンク 105 cm幅× 240 cm

接着芯　80 × 30 cm

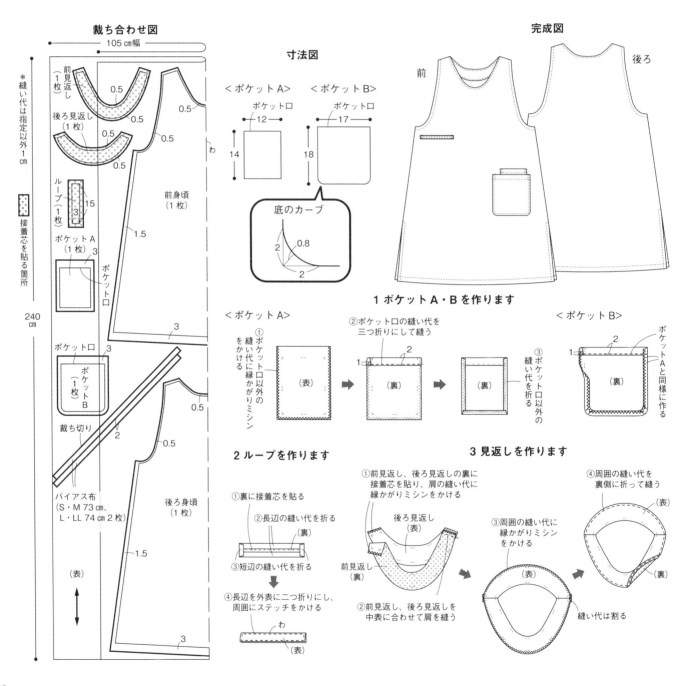

裁ち合わせ図

105 cm幅

＊縫い代は指定以外 1 cm

接着芯を貼る箇所

240 cm

前見返し（1枚）　0.5

後ろ見返し（1枚）　0.5　0.5

0.5　0.5

0.5

ループ（1枚）　15　3

ポケットA（1枚）　3

ポケット口

前身頃（1枚）　1.5

3

ポケット口　3

ポケットB（1枚）

裁ち切り

2　0.5

バイアス布（S・M 73 cm、L・LL 74 cm 2枚）

（表）

後ろ身頃（1枚）　0.5

1.5

3

わ

寸法図

<ポケットA>　ポケット口　12　14

<ポケットB>　ポケット口　17　18

底のカーブ　2　0.8　2

完成図

前　後ろ

1 ポケットA・Bを作ります

<ポケットA>
①ポケット口以外の縫い代に縁かがりミシンをかける（表）
②ポケット口の縫い代を三つ折りにして縫う　1　2（裏）
（裏）
③ポケット口以外の縫い代を折る

<ポケットB>
2　1
ポケット口
（裏）
③ポケットAと同様に作る

2 ループを作ります

①裏に接着芯を貼る

②長辺の縫い代を折る（裏）

③短辺の縫い代を折る

④長辺を外表に二つ折りにし、周囲にステッチをかける　わ（表）

3 見返しを作ります

①前見返し、後ろ見返しの裏に接着芯を貼り、肩の縫い代に縁かがりミシンをかける

後ろ見返し（表）

前見返し（裏）

②前見返し、後ろ見返しを中表に合わせて肩を縫う

③周囲の縫い代に縁かがりミシンをかける（表）

縫い代は割る

④周囲の縫い代を裏側に折って縫う（表）（裏）

4 前身頃と後ろ身頃を作り、縫い合わせます

① 前身頃の肩と脇の縫い代に
縁かがりミシンをかける

前身頃（表）

② ループを重ねて縫い、内側に補強のステッチをかける

0.5

0.5

③ ポケットAを重ねて縫い、ポケット口に補強のステッチをかける

④ ③と同様にポケットBをつける

※後ろ身頃は①と同様に作る

後ろ身頃（表）

⑤ 前身頃と後ろ身頃を中表に合わせ、肩を縫う縫い代は後ろ身頃側に倒す

前身頃（裏）

縫い代は割る

⑥ 両脇をあき止まりまで縫う

あき止まり

あき止まり

5 衿ぐりに見返しをつけます

① 身頃と見返しを中表に合わせて衿ぐりを縫い、縫い代に切り込みを入れる

見返し（裏）

切り込み

身頃（表）

見返し（表）

② 表に返し、ステッチをかける

0.5

身頃（裏）

7 あきと裾を縫います

あきの上側は重ね縫いをして補強する

身頃（裏）

0.5

1

① あきにステッチをかける

身頃（裏）

② 裾を三つ折りにして縫う

1

2

6 袖ぐりを縫います

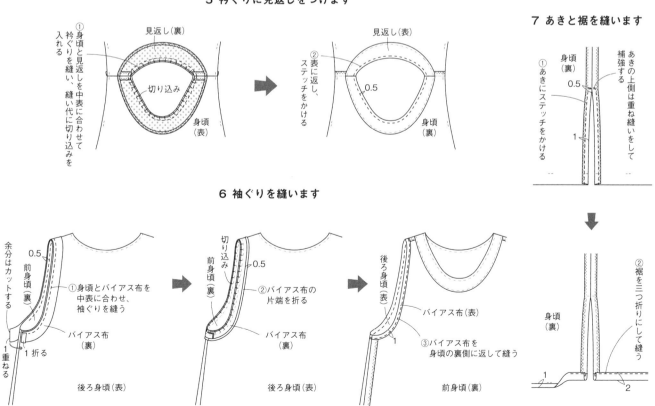

余分はカットする

0.5

前身頃（裏）

1 重ねる

1 折る

① 身頃とバイアス布を中表に合わせ、袖ぐりを縫う

バイアス布（裏）

後ろ身頃（表）

切り込み

0.5

前身頃（裏）

② バイアス布の片端を折る

バイアス布（裏）

後ろ身頃（表）

後ろ身頃（表）

バイアス布（表）

③ バイアス布を身頃の裏側に返して縫う

1

前身頃（裏）

12 カシュクールエプロン *Photo* p.24

実物大型紙:(A面)前身頃、後ろ身頃、袖、見返し

でき上がりサイズ:着丈 S・M 119.5 ／ L・LL 125.5 cm

身幅(後ろ身頃)S・M 46 ／ L・LL 49 cm

袖丈 S・M 50 ／ L・LL 53 cm

材料:表布　ボイルキャッチワッシャー セルリアンブルー 107 cm幅× S・M 420 ／ L・LL 440 cm

接着芯　15 cm四方

接着テープ　1 cm幅 S・M 120 ／ L・LL 130 cm

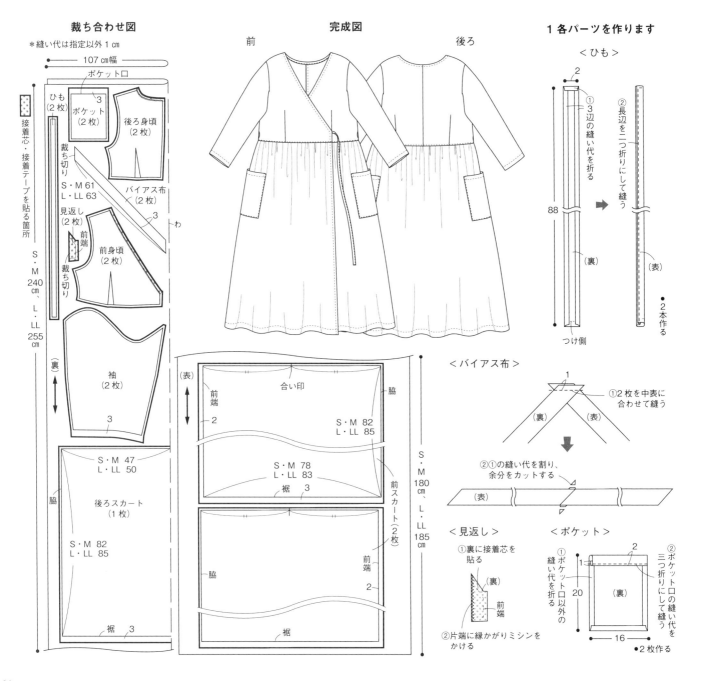

裁ち合わせ図

*＊縫い代は指定以外 1 cm

完成図

前　　　後ろ

1 各パーツを作ります

<ひも>

<バイアス布>

<見返し>

<ポケット>

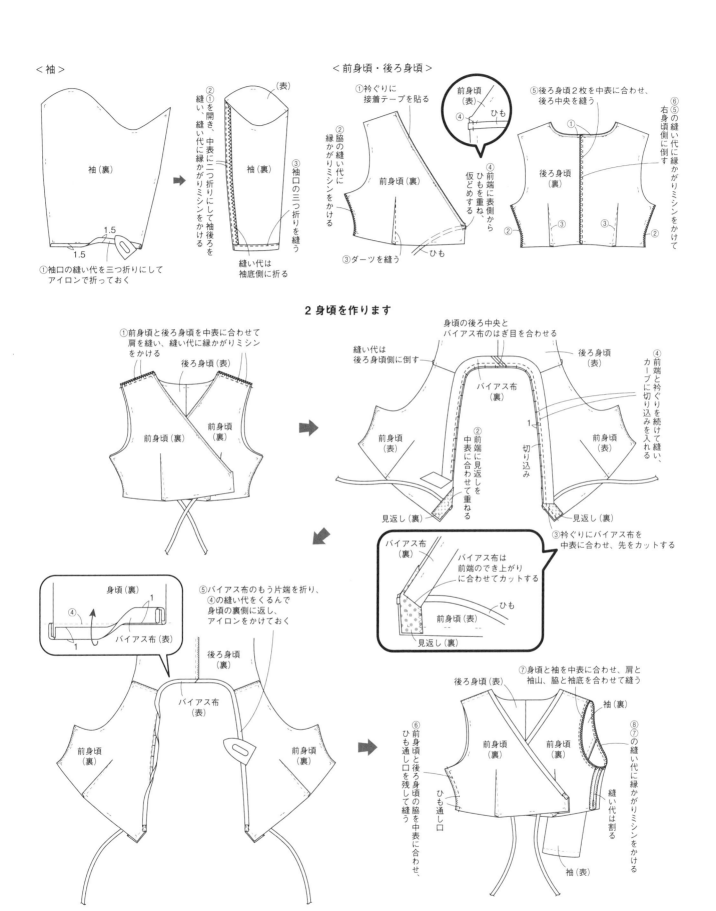

<袖>

①袖口の縫い代を三つ折りにして
アイロンで折っておく

1.5
1.5

袖（裏）

②①を開き、中表に二つ折りにして袖後ろを
縫い、縫い代に縁かがりミシンをかける

袖（裏）

（表）

③袖口の三つ折りを縫う

縫い代は
袖底側に折る

<前身頃・後ろ身頃>

①衿ぐりに
接着テープを貼る

②脇の縫い代に
縁かがりミシンをかける

前身頃（裏）

③ダーツを縫う

ひも

前身頃
（表）
④
ひも

④前端に表側から
ひもを重ね、
仮どめする

⑤後ろ身頃2枚を中表に合わせ、
後ろ中央を縫う

後ろ身頃（裏）

①
②
③
③
②

⑥⑤の縫い代に縁かがりミシンをかけて
右身頃側に倒す

2 身頃を作ります

①前身頃と後ろ身頃を中表に合わせて
肩を縫い、縫い代に縁かがりミシン
をかける

後ろ身頃（表）

前身頃（裏）
前身頃（裏）

縫い代は
後ろ身頃側に倒す

身頃の後ろ中央と
バイアス布のはぎ目を合わせる

バイアス布（裏）

前身頃
（表）

②前端に見返しを
中表に合わせて重ねる

③衿ぐりにバイアス布を
中表に合わせ、先をカットする

後ろ身頃（表）

前身頃
（表）

1
切り込み

見返し（裏）

④前端と衿ぐりを続けて縫い、
カーブに切り込みを入れる

見返し（裏）

バイアス布
（裏）

バイアス布は
前端のでき上がり
に合わせてカットする

前身頃（表）

ひも

見返し（裏）

身頃（裏）
④
1
1
バイアス布（表）

⑤バイアス布のもう片端を折り、
④の縫い代をくるんで
身頃の裏側に返し、
アイロンをかけておく

後ろ身頃
（裏）

バイアス布
（表）

前身頃
（裏）

前身頃
（裏）

⑥前身頃と後ろ身頃の脇を中表に合わせ、
ひも通し口を残して縫う

ひも通し口

⑦身頃と袖を中表に合わせ、肩と
袖山、脇と袖底を合わせて縫う

後ろ身頃（表）

前身頃
（裏）

前身頃
（裏）

袖（裏）

縫い代は割る

ひも通し口

袖（表）

⑧⑦の縫い代に縁かがりミシンをかける

3 スカートを作ります

①前スカートの前端の縫い代を三つ折りにしてアイロンをかけておく

縫い代は後ろスカート側に倒す

②

①

前スカート（裏）

1

後ろスカート（表）

1

前スカート（表）

③ポケットを重ねて縫う

④③の内側に補強のステッチをかける

前スカート（表）

ポケット（表）

後ろスカート（表）

0.5

③ ④

ポケット（表）

13

8

前スカート（表）

②前スカートと後ろスカートを中表に合わせて脇を縫い、縫い代に縁かがりミシンをかける

身頃 前端　合い印　脇　後ろ中央

前スカート（表）

後ろスカート（表）

前スカート（表）

⑤前端の三つ折りを折った状態でウエストの縫い代に粗ミシンを2本かけて糸を引き、身頃の寸法に合わせてギャザーを寄せる

粗ミシン位置

0.5

0.2

ウエストでき上がり線

4 まとめます

①身頃とスカートを中表に合わせ、スカートを挟んでウエストを縫う、身頃と見返しで

見返し（表）

②①の縫い代に縁かがりミシンをかける

見返し（表）

身頃（裏）

スカート（表）

スカート（表）　見返し（表）

前端を合わせる

①

身頃（裏）

③身頃と見返しを表に返し、ウエストの縫い代を身頃側に倒して形を整え、ステッチをかける

（裏）

身頃（表）

0.8

スカート（表）

④前端と衿ぐりを続けて縫う

⑤裾の縫い代を三つ折りにして縫う

（裏）

1　2

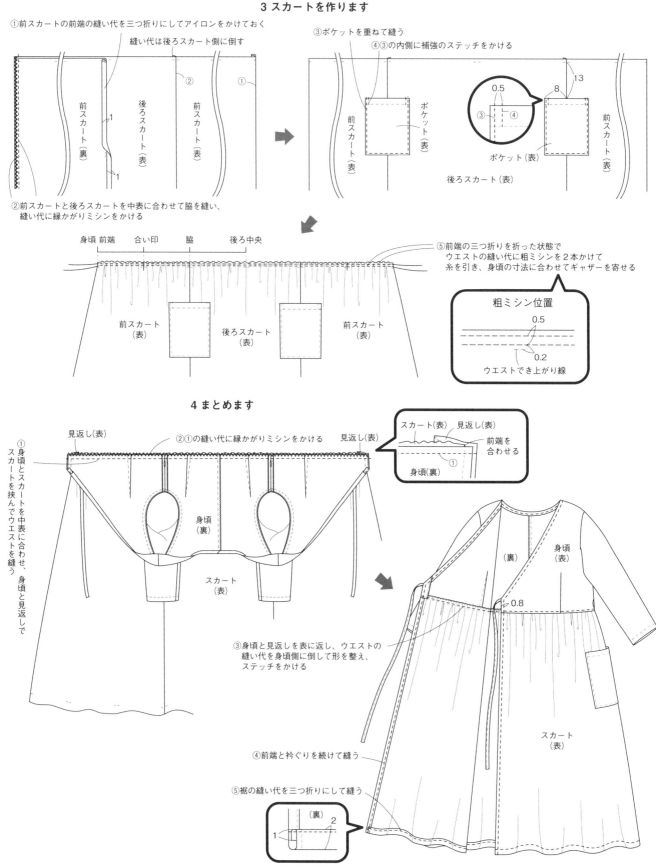

66

2 ギャルソンエプロン *Photo* p.5

実物大型紙：なし

でき上がりサイズ：着丈 70 cm
身幅 104 cm

材料：表布　beaver bread/pink-yellow 112 cm幅× 90 cm
杉綾テープ　2 cm幅 3.2m

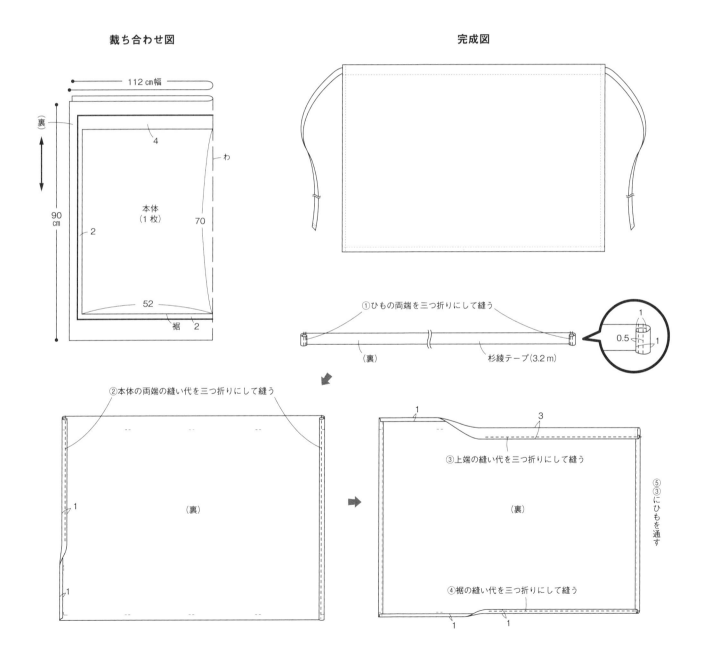

裁ち合わせ図

112 cm幅

(裏)

90 cm

本体
(1枚)

4

わ

70

2

52

裾　2

完成図

①ひもの両端を三つ折りにして縫う

(裏)

杉綾テープ(3.2 m)

1

0.5　1

②本体の両端の縫い代を三つ折りにして縫う

(裏)

1

1

1

3

③上端の縫い代を三つ折りにして縫う

(裏)

④裾の縫い代を三つ折りにして縫う

1

1

⑤③にひもを通す

13 ひもフリルエプロン *Photo* p.26

実物大型紙:（D面）身頃、フリル、前見返し、後ろ見返し
でき上がりサイズ:着丈（上端から裾まで）S・M 97.5 ／ L・LL 103 cm
身幅 S・M 74 ／ L・LL 80 cm
材料:表布　C&S コットンリネンブラックウォッチ 110 cm幅× S・M 210 ／ L・LL 220 cm

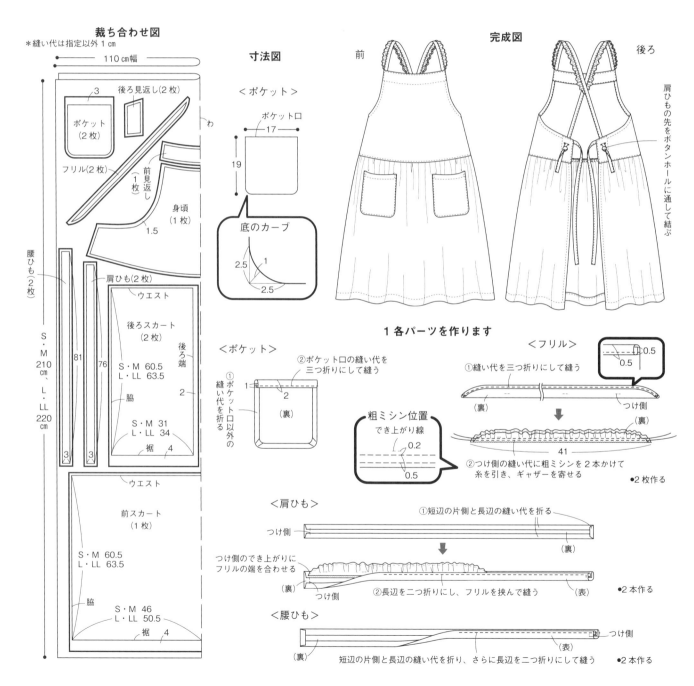

裁ち合わせ図
＊縫い代は指定以外 1 cm

110 cm幅

後ろ見返し（2枚）
わ
3
ポケット（2枚）
フリル（2枚）
前見返し（1枚）
1.5
身頃（1枚）
肩ひも（2枚）
腰ひも（2枚）
81　76
ウエスト
後ろスカート（2枚）
後ろ端
S・M 60.5
L・LL 63.5
脇
2
S・M 31
L・LL 34
裾 4
3　3
ウエスト
前スカート（1枚）
S・M 60.5
L・LL 63.5
脇
S・M 46
L・LL 50.5
裾 4
S・M 210 cm、L・LL 220 cm

寸法図

＜ポケット＞
ポケット口
17
19
底のカーブ
2.5　1
2.5

完成図

前　後ろ
肩ひもの先をボタンホールに通して結ぶ

1 各パーツを作ります

＜ポケット＞
①ポケット口以外の縫い代を折る
②ポケット口の縫い代を三つ折りにして縫う
1
2（裏）

粗ミシン位置
でき上がり線
0.2
0.5

＜フリル＞
①縫い代を三つ折りにして縫う
0.5　0.5
（裏）　つけ側
（裏）
41
②つけ側の縫い代に粗ミシンを2本かけて糸を引き、ギャザーを寄せる
●2枚作る

＜肩ひも＞
①短辺の片側と長辺の縫い代を折る
つけ側　（裏）
つけ側のでき上がりにフリルの端を合わせる
（裏）　つけ側
②長辺を二つ折りにし、フリルを挟んで縫う
（裏）　（表）
●2本作る

＜腰ひも＞
つけ側
（裏）　（表）
短辺の片側と長辺の縫い代を折り、さらに長辺を二つ折りにして縫う
●2本作る

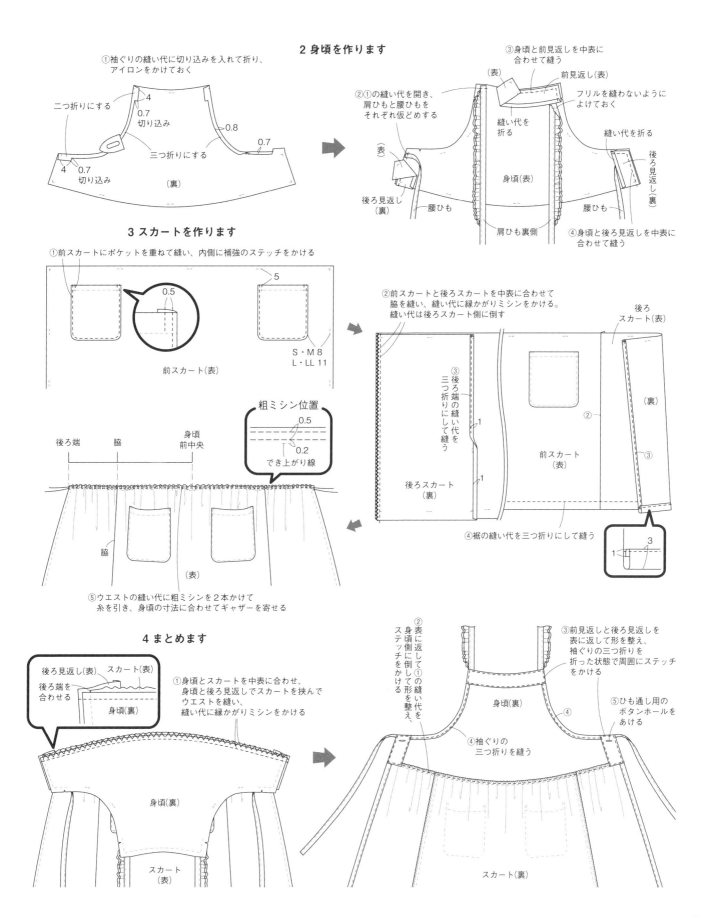

2 身頃を作ります

①袖ぐりの縫い代に切り込みを入れて折り、
　アイロンをかけておく

二つ折りにする
4
0.7
切り込み
0.8
三つ折りにする
0.7
(裏)
4
0.7
切り込み

②①の縫い代を開き、
肩ひもと腰ひもを
それぞれ仮どめする

(表)
後ろ見返し
(裏)
腰ひも
肩ひも裏側

③身頃と前見返しを中表に
合わせて縫う

前見返し(表)

フリルを縫わないように
よけておく

縫い代を
折る

身頃(表)

縫い代を折る

後ろ見返し(裏)

腰ひも

④身頃と後ろ見返しを中表に
合わせて縫う

3 スカートを作ります

①前スカートにポケットを重ねて縫い、内側に補強のステッチをかける

0.5

前スカート(表)

5
S・M 8
L・LL 11

②前スカートと後ろスカートを中表に合わせて
脇を縫い、縫い代に縁かがりミシンをかける。
縫い代は後ろスカート側に倒す

後ろ
スカート(表)

③後ろ端の縫い代を
三つ折り
にして
縫う

1

後ろスカート
(裏)

1

(裏)

②

前スカート
(表)

③

④裾の縫い代を三つ折りにして縫う

1
3
1

粗ミシン位置
0.5
0.2
でき上がり線

後ろ端　脇　身頃前中央

脇

(表)

⑤ウエストの縫い代に粗ミシンを2本かけて
糸を引き、身頃の寸法に合わせてギャザーを寄せる

4 まとめます

後ろ見返し(表)　スカート(表)
後ろ端を
合わせる
身頃(裏)

①身頃とスカートを中表に合わせ、
身頃と後ろ見返しでスカートを挟んで
ウエストを縫い、
縫い代に縁かがりミシンをかける

身頃(裏)

スカート
(表)

②
表に返して①の縫い代を
身頃側に倒して形を整え、
ステッチをかける

③前見返しと後ろ見返しを
表に返して形を整え、
袖ぐりの三つ折りを
折った状態で周囲にステッチ
をかける

身頃(裏)

④

④袖ぐりの
三つ折りを縫う

⑤ひも通し用の
ボタンホールを
あける

スカート(裏)

14 スモック風かっぽう着 *Photo* p.27

実物大型紙：(D面)前身頃、後ろ身頃、袖、前衿、後ろ衿

でき上がりサイズ：着丈 S・M 103.5／L・LL 110 cm

身幅 S・M 53.5／L・LL 56 cm

袖丈(衿ぐりから)S・M 59.5／L・LL 63.5 cm

材料：表布　GEOMETRIC548 001　108 cm幅× S・M 320／L・LL 350 cm

接着芯　55×30 cm

ゴムテープ　1 cm幅50 cm

ボタン　1.8 cm径を2個

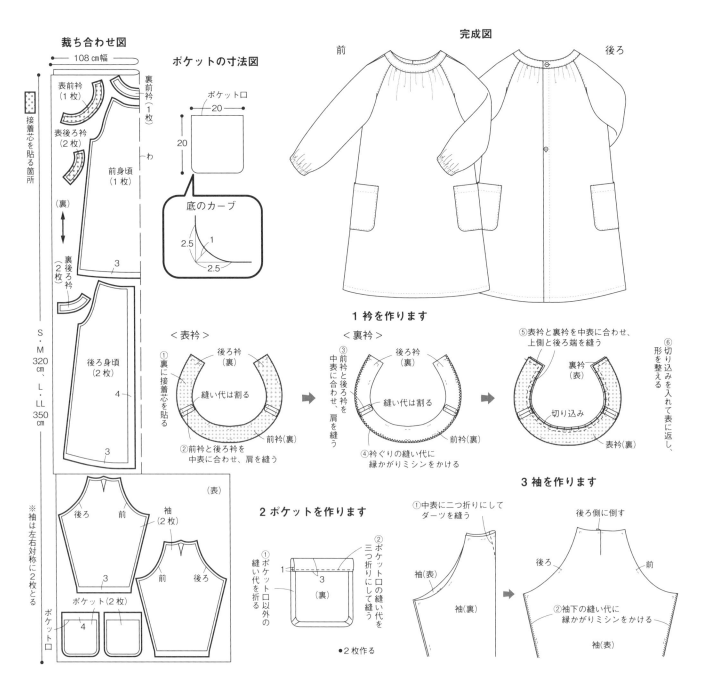

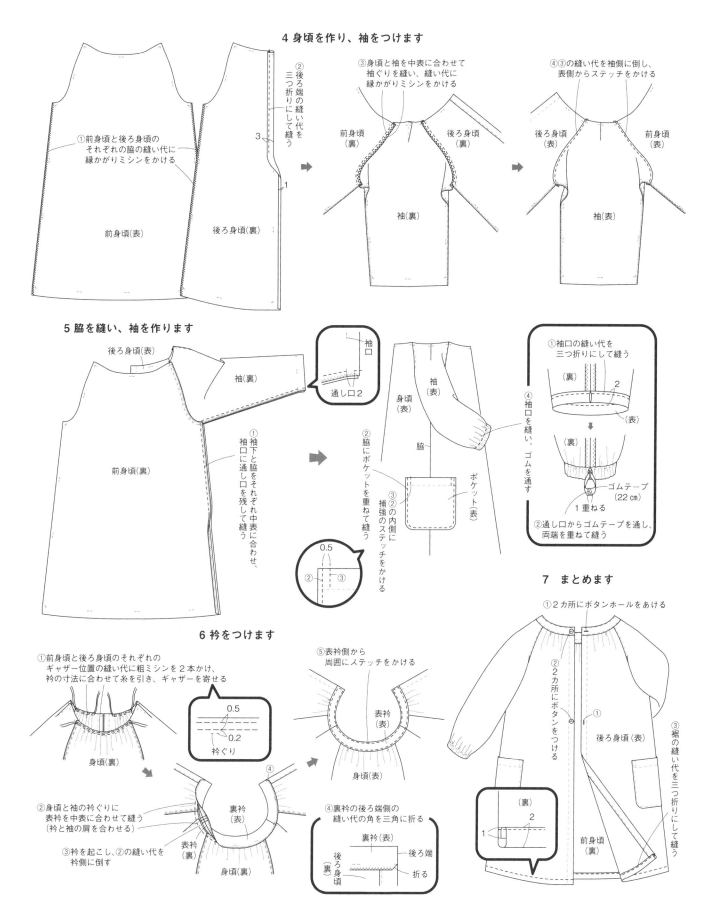

4 身頃を作り、袖をつけます

①前身頃と後ろ身頃の
それぞれの脇の縫い代に
縁かがりミシンをかける

前身頃(表)　後ろ身頃(裏)

②後ろ端の縫い代を
三つ折りにして縫う

3

1

③身頃と袖を中表に合わせて
袖ぐりを縫い、縫い代に
縁かがりミシンをかける

前身頃(裏)　後ろ身頃(裏)

袖(裏)

④③の縫い代を袖側に倒し、
表側からステッチをかける

後ろ身頃(表)　前身頃(表)

袖(表)

5 脇を縫い、袖を作ります

後ろ身頃(表)　袖(裏)

前身頃(裏)

①袖下と脇をそれぞれ中表に合わせ、
袖口に通し口を残して縫う

袖口
通し口2

②脇にポケットを
重ねて縫う

③②の内側に
補強の
ステッチを
かける

身頃
(表)

袖
(表)

脇

ポケット
(表)

0.5
②　③

①袖口の縫い代を
三つ折りにして縫う

(裏)　2　(表)

(裏)

④袖口を縫い、ゴムを通す

ゴムテープ
(22cm)
1重ねる

②通し口からゴムテープを通し、
両端を重ねて縫う

6 衿をつけます

①前身頃と後ろ身頃のそれぞれの
ギャザー位置の縫い代に粗ミシンを2本かけ、
衿の寸法に合わせて糸を引き、ギャザーを寄せる

身頃(裏)

0.5
0.2
衿ぐり

②身頃と袖の衿ぐりに
表衿を中表に合わせて縫う
(衿と袖の肩を合わせる)

③衿を起こし、②の縫い代を
衿側に倒す

表衿(表)　裏衿(裏)

身頃(裏)

④

⑤表衿側から
周囲にステッチをかける

表衿
(表)

身頃(表)

④裏衿の後ろ端側の
縫い代の角を三角に折る

裏衿(表)

後ろ身頃
(裏)　後ろ端
折る

7 まとめます

①2カ所にボタンホールをあける

②2カ所に
ボタンをつける

①

後ろ身頃(表)

前身頃
(裏)

(裏)
2
1

③裾の縫い代を三つ折りにして縫う

15 ピンタックエプロン Photo p.28

実物大型紙:（C面）身頃、ポケット
でき上がりサイズ:着丈（上端から裾）S・M 100 ／ L・LL 106 cm
　　　　　　　　　身幅 S・M 91 ／ L・LL 97 cm
材料:表布　先染めボイルダンガリーワッシャー ラベンダー 108 cm幅× 200 cm

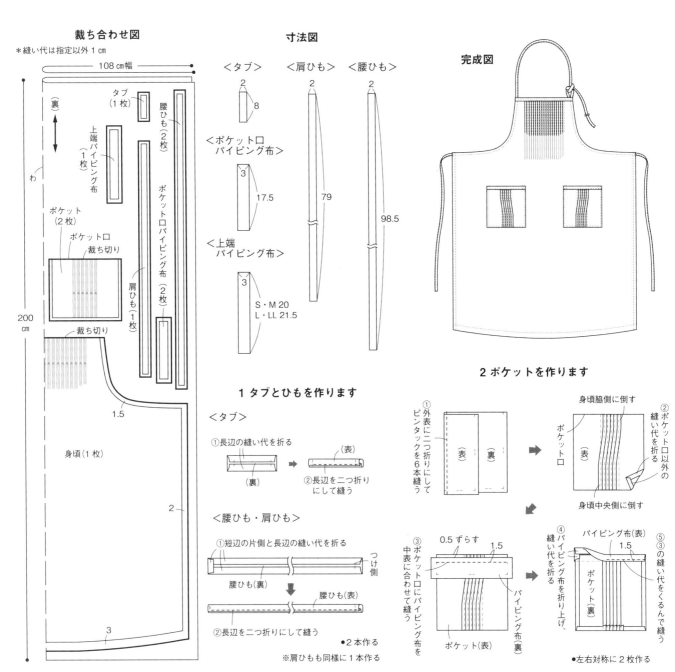

裁ち合わせ図
＊縫い代は指定以外 1 cm
108cm幅
（裏）
タブ（1枚）
腰ひも（2枚）
上端パイピング布（1枚）
ポケット口パイピング布（2枚）
わ
200cm
ポケット（2枚）
ポケット口
裁ち切り
肩ひも（1枚）
裁ち切り
1.5
身頃（1枚）
2
3

寸法図
＜タブ＞ 2 8
＜肩ひも＞ 2 79
＜腰ひも＞ 2 98.5
＜ポケット口パイピング布＞ 3 17.5
＜上端パイピング布＞ 3 S・M 20 L・LL 21.5

完成図

1 タブとひもを作ります

＜タブ＞
①長辺の縫い代を折る（裏）
②長辺を二つ折りにして縫う（表）

＜腰ひも・肩ひも＞
①短辺の片側と長辺の縫い代を折る 腰ひも（裏） つけ側
②長辺を二つ折りにして縫う 腰ひも（表）
●2本作る
※肩ひもも同様に1本作る

2 ポケットを作ります

①外表に二つ折りにしてピンタックを6本縫う（表）（裏）
②ポケット口以外の縫い代を折る 身頃脇側に倒す（表）ポケット口 身頃中央側に倒す
③ポケット口にパイピング布を中表に合わせて縫う 0.5ずらす 1.5 ポケット（表）パイピング布（裏）
④パイピング布を折り上げ、縫い代を折る パイピング布（表）1.5 ポケット（裏）
⑤③の縫い代をくるんで縫う
●左右対称に2枚作る

3 身頃のピンタックを縫い、ポケットをつけます

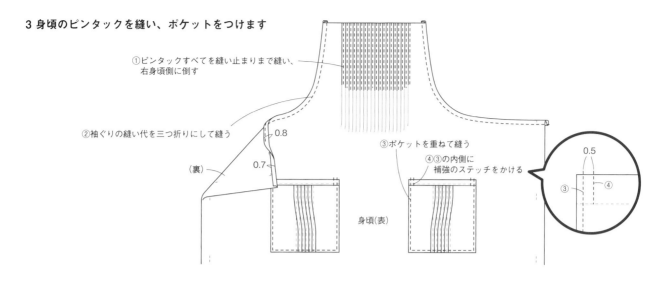

①ピンタックすべてを縫い止まりまで縫い、右身頃側に倒す

②袖ぐりの縫い代を三つ折りにして縫う

0.8

0.7

(裏)

③ポケットを重ねて縫う

④③の内側に補強のステッチをかける

0.5

③ ④

身頃(表)

4 上端を縫います

①タブと肩ひもを仮どめする

0.5   0.5

タブ   肩ひも

身頃(裏)

0.5ずらす   1.5

②上端にパイピング布を中表に重ねて縫う

パイピング布(裏)

身頃(表)

③パイピング布を折り上げ、縫い代を折る

1.5

パイピング布(表)

④②の縫い代をくるんで縫う

身頃(裏)

⑤タブと肩ひもを折り上げて縫う

身頃(裏)

5 まとめます

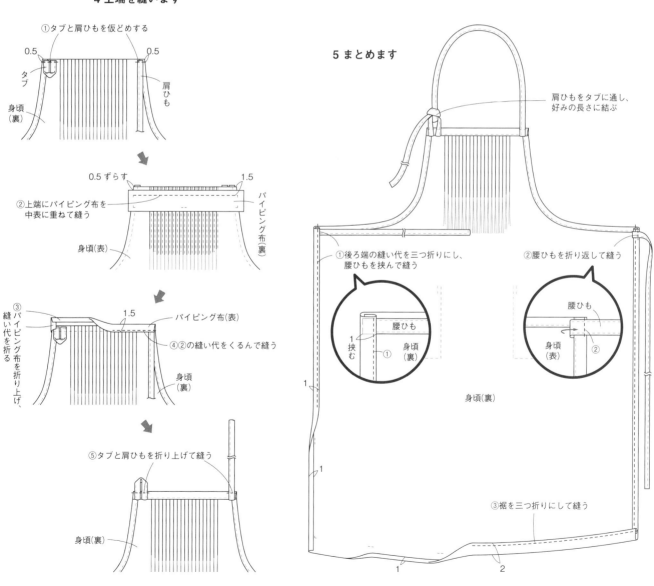

肩ひもをタブに通し、好みの長さに結ぶ

①後ろ端の縫い代を三つ折りにし、腰ひもを挟んで縫う

腰ひも

1挟む

①

身頃(裏)

②腰ひもを折り返して縫う

腰ひも

身頃(表)

②

1

1

身頃(裏)

③裾を三つ折りにして縫う

1   2

E 夫婦で使えるエプロン *Photo* p.29

実物大型紙：なし

でき上がりサイズ：着丈 S・M 77／L・LL 81 cm

身幅 82 cm

材料：表布　11号帆布 55 カラー（36）オリーブ 110 cm幅×100 cm

テープ　ひも用 2.5 cm幅 1.3m

バックル　2.5 cm幅を 2 組

裁ち合わせ図

※並んだ数字は S・M／L・LL サイズ

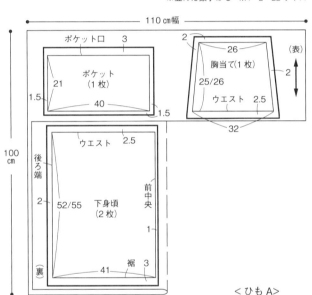

110 cm幅

ポケット口　3

ポケット（1枚）

21

1.5

40

1.5

26

胸当て（1枚）

25/26

ウエスト　2.5

32

（表）

2

100 cm

ウエスト　2.5

後ろ端

前中央

2

52/55　下身頃（2枚）

1

（裏）

41　裾　3

完成図

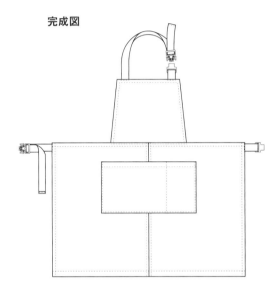

2 ひもを作ります

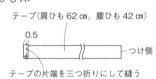

<ひも A>

テープ（肩ひも 62 cm、腰ひも 42 cm）

0.5

つけ側

テープの片端を三つ折りにして縫う

●肩ひも、腰ひも 各 1 本作る

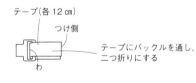

<ひも B>

テープ（各 12 cm）

つけ側

わ

テープにバックルを通し、二つ折りにする

●肩ひも、腰ひも 各 1 本作る

1 ポケットを作ります

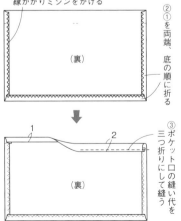

①ポケット口以外の縫い代に縁かがりミシンをかける

（裏）

②①を両端、底の順に折る

1

2

（裏）

③ポケット口の縫い代を三つ折りにして縫う

3 胸当てを作ります

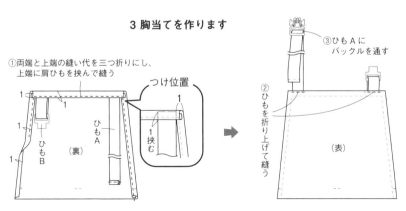

①両端と上端の縫い代を三つ折りにし、上端に肩ひもを挟んで縫う

1

1

1

1

1

ひも A

ひも B

（裏）

つけ位置

1

挟む

③ひも A にバックルを通す

②ひもを折り上げて縫う

（表）

4 下身頃を作ります

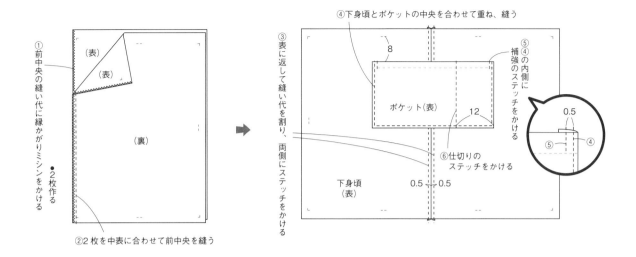

① 前中央の縫い代に縁かがりミシンをかける
●2枚作る

② 2枚を中表に合わせて前中央を縫う

(表)
(表)
(裏)

③ 表に返して縫い代を割り、両側にステッチをかける

④ 下身頃とポケットの中央を合わせて重ね、縫う

8

⑤ ④ の内側に補強のステッチをかける

ポケット(表)

12

⑥ 仕切りのステッチをかける

下身頃(表)

0.5　0.5

0.5
⑤
④

5 まとめます

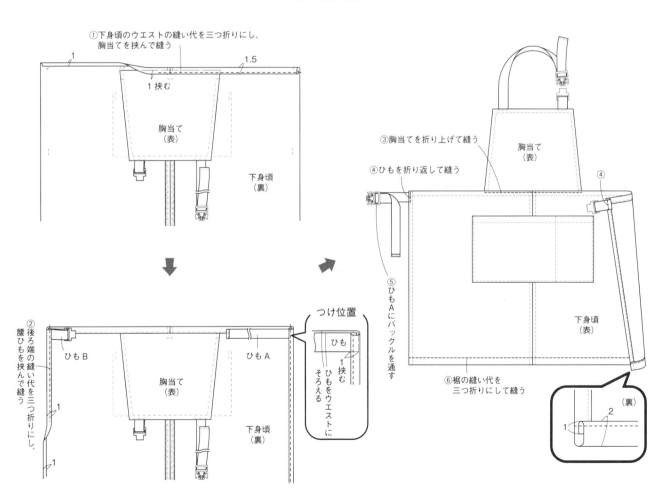

① 下身頃のウエストの縫い代を三つ折りにし、胸当てを挟んで縫う

1

1.5

1 挟む

胸当て(表)

下身頃(裏)

② 後ろ端の縫い代を三つ折りにし、腰ひもを挟んで縫う

ひも B

胸当て(表)

ひも A

下身頃(裏)

1

1

つけ位置

ひも

1 挟む

ひもをウエストにそろえる

③ 胸当てを折り上げて縫う

④ ひもを折り返して縫う

胸当て(表)

④

⑤ ひも A にバックルを通す

下身頃(表)

⑥ 裾の縫い代を三つ折りにして縫う

(裏)

2

1

F ポケッタブルエプロン *Photo* p.31

実物大型紙：なし

でき上がりサイズ：着丈 S・M 82 ／ L・LL 86 cm

材料：表布 A　リネンツイル グレー 150 cm幅× 120 cm

　　　　表布 B　C&S ギンガムチェック ブラック 60 × 40 cm

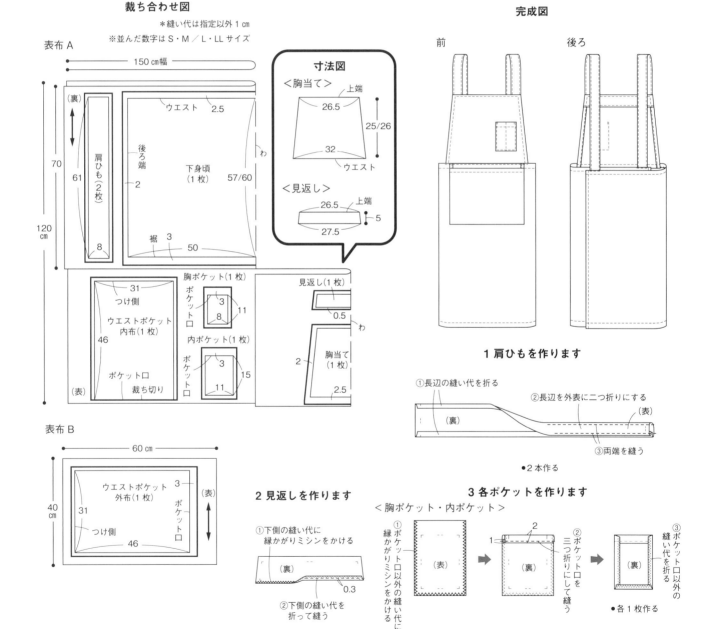

裁ち合わせ図

＊縫い代は指定以外 1 cm

※並んだ数字は S・M ／ L・LL サイズ

表布 A

150 cm幅

（裏）

70

肩ひも（2 枚）

61

8

ウエスト　2.5

後ろ端　2

わ

下身頃（1 枚）

57/60

120 cm

裾　3

50

31

つけ側

ウエストポケット内布（1 枚）

46

ポケット口

（表）

裁ち切り

胸ポケット（1 枚）

ポケット口

3

8

11

内ポケット（1 枚）

ポケット口

3

11

15

見返し（1 枚）

0.5

わ

胸当て（1 枚）

2

2.5

寸法図

＜胸当て＞

上端

26.5

25/26

32

ウエスト

＜見返し＞

26.5

上端

5

27.5

表布 B

60 cm

ウエストポケット外布（1 枚）

31

つけ側

46

3

ポケット口

（表）

40 cm

完成図

前

後ろ

1 肩ひもを作ります

①長辺の縫い代を折る

（裏）

②長辺を外表に二つ折りにする

（表）

③両端を縫う

●2 本作る

2 見返しを作ります

①下側の縫い代に縁かがりミシンをかける

（裏）

0.3

②下側の縫い代を折って縫う

3 各ポケットを作ります

＜胸ポケット・内ポケット＞

①ポケット口以外の縫い代に縁かがりミシンをかける

（表）

②ポケット口を三つ折りにして縫う

1

2

（裏）

③ポケット口以外の縫い代を折る

（裏）

●各 1 枚作る

<ウエストポケット>

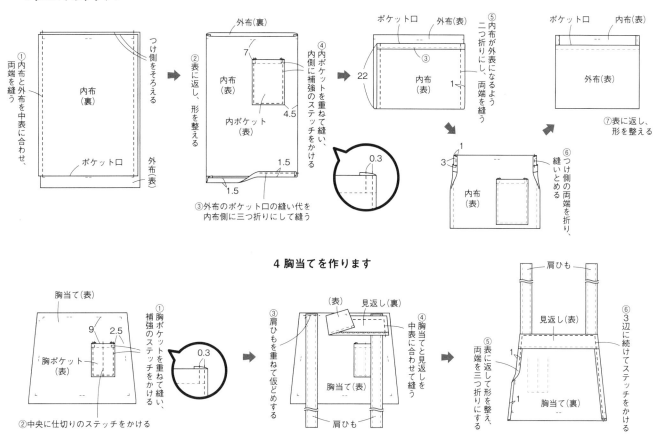

4 胸当てを作ります

5 まとめます

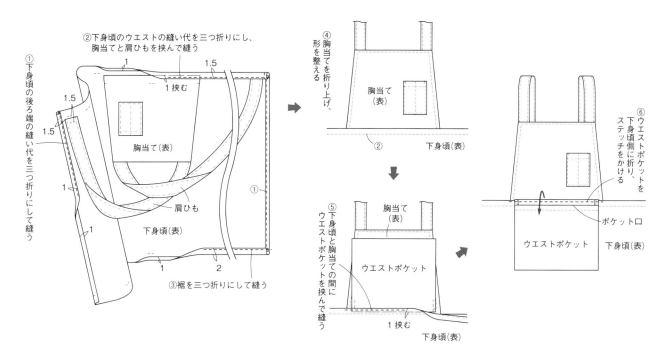

ソーイングの基礎 ②

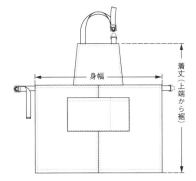
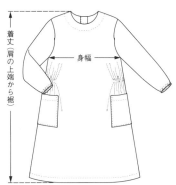

● でき上がりサイズについて

作り方イラストページに掲載しているそれぞれの作品の
でき上がりサイズは、エプロンの場合は上端から裾まで、
かっぽう着やカシュクールエプロンなど、身頃に肩線が
ある場合は肩の上端から裾までの長さになっています。

● 実物大型紙の記号について

実物大型紙にはいろいろな記号が記されています。

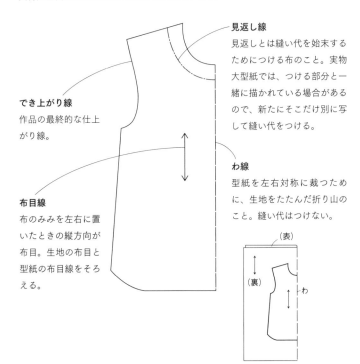

でき上がり線
作品の最終的な仕上がり線。

布目線
布のみみを左右に置いたときの縦方向が布目。生地の布目と型紙の布目線をそろえる。

見返し線
見返しとは縫い代を始末するためにつける布のこと。実物大型紙では、つける部分と一緒に描かれている場合があるので、新たにそこだけ別に写して縫い代をつける。

わ線
型紙を左右対称に裁つために、生地をたたんだ折り山のこと。縫い代はつけない。

ギャザー
布を縫い縮めて寄せるひだのこと。波線位置に粗ミシン2本をかけ、糸を引いて指定の長さに縮める。

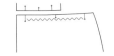

ダーツ
体の自然な立体感を出すために布に施す"つまみ"のこと。ダーツ線を中表に合わせて縫い、頂点部分はごろつかないよう、返し縫いではなく玉どめをする。

突き合わせ
丈の長いパーツは上下に分かれて型紙が掲載されているので、これらのマークをつなげて1つの型紙とし、生地を裁つ。

2枚をつなげて型紙を作る

● 実物大型紙の各作品の向きについて

実物大型紙A〜D面には、それぞれ3〜4作品の実物大型紙を掲載しています。パーツが探しやすいように、作品ごとに同じ向きに並べてあります。

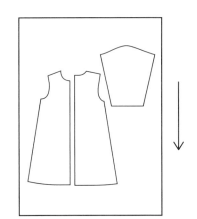
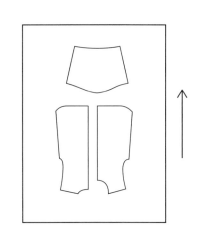

● 裁ち合わせ図の見方

実物大型紙には縫い代が含まれていません。型紙の[ ]内や裁ち合わせ図を参照して縫い代をつけた型紙を作り、布を裁断します。実物大型紙に掲載していないパーツは、ハトロン紙で縫い代つきの型紙を作るか、布の裏に直接線を引いて裁断します。裁ち合わせ図と型紙の向きが反転している場合は、型紙を反転させて使います。

裁ち合わせ図

＊縫い代は指定以外1cm

接着芯を貼る箇所

240cm

←105cm幅→

見返し（1枚）

0.5

0.5

0.5

0.5

布を裁つ線

でき上がり線

前身頃（1枚）

1.5

縫い代寸法

3

「わ」の位置で布を折り、布の折り山と型紙の「中央わ」の線を合わせる。

裁ち切りと書いてある場合は、縫い代はつけずに太線で裁つ。

裁ち切り

2

バイアス布（S・M 73cm、L・LL 74cm 2枚）

0.5

0.5

後ろ身頃（1枚）

1.5

（表）

布目線

3

● 布を裁断する

布の裁断は、作り方ページの裁ち合わせ図を参考に配置して裁ってください。その際、使う布によっては必ずしもそのとおりにならないこともあるので注意してください。

（裏）

（表）

後ろ身頃

わ

前身頃

わ

袖

前身頃

後ろ身頃

〈チェックやボーダー〉

適当に裁つと身頃の左右や脇で柄がずれることもあるので要注意。柄合わせは、基本は横の線をきちんと合わせられればOK。上のように、身頃の袖ぐり下を基準にして裁つ。また、布を「わ」にするときに柄がずれないように、途中をまち針でとめながら折るとよい。

〈上下のある柄布〉

柄が逆さにならないように、型紙の上下の向きをそろえて裁つ。布を多めに用意する必要がある場合もある。

● 印のつけ方

型紙と布の裏の間に片面の布用転写紙を挟み、ソフトルレットで布の裏に印をつける。ポケットつけ位置や袖山の印なども忘れずにつける。2枚重ねて裁断した場合は右のように片面の布用転写紙2枚を使い、1枚で裁断した場合は片面の布用転写紙を1枚使う。

型紙

チャコペーパー

ソフトルレット

（裏）

生地（表）

● 接着芯の貼り方

接着芯の接着面（のりがついたザラザラした面）を生地の裏に重ねる。ハトロン紙やコピー用紙などの当て紙をして、アイロンを滑らせないで重ねながらすき間ができないように押さえて接着する。

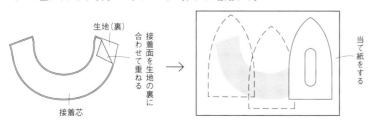

生地（裏）

接着面を生地の裏に合わせて重ねる

接着芯

→

当て紙をする

● 縫うときのポイント

縫い始めと縫い終わりは引き返して重ねて縫う「返し縫い」をする。返し縫いをしないとほどけてきてしまう。

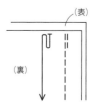

（表）

（裏）

●スタッフ

作品製作

井田ちかこ(laetoli)

暮らしが豊かになる小物や洋服づくりを提案しながら、一緒に楽しめる
自宅でのソーイング教室「laetoli(ラエトリ)」を2016年より主宰。

Instagram　@and_laetoli

田中まみ

雑誌コットンタイムでポーチやバッグなどの小物作品を発表。リバティ
プリントを使った大人かわい作品や、繊細な刺しゅうが人気。

Instagram　@momomilk0825

羽柴麻衣子(ヴェッティモン ドゥ シャンブル)

服飾専門学校を卒業後、アパレルデザイナーに従事。現在は自らデザイ
ンしたエプロンや洋服・布バッグを販売している。

https://vetementsdec.thebase.in

ブックデザイン／後藤美奈子
撮影／中村あかね
プロセス撮影／有馬貴子 (本社写真編集室)
スタイリング／石川美和
ヘアメイク／植木 歩
モデル／美代 (BARK in STYLe)
作り方解説／三宅愛美
型紙配置／ 71design
校閲／滄流社
編集／小柳良子

自分で作る　エプロンとかっぽう着

編集人　石田由美
発行人　倉次辰男
編　者　株式会社主婦と生活社
発行所　株式会社主婦と生活社
　　　　〒 104-8357　東京都中央区京橋 3-5-7
　　　　　https://www.shufu.co.jp/
　　　　編集部　☎ 03-3563-5361　Fax.03-3563-0528
　　　　販売部　☎ 03-3563-5121
　　　　生産部　☎ 03-3563-5125
製版所　東京カラーフォト・プロセス株式会社
印刷所　凸版印刷株式会社
製本所　共同製本株式会社

©SHUFU TO SEIKATSUSHA 2021 Printed in Japan
ISBN978-4-391-15572-3

●生地協力

清原
https://www.kiyohara.co.jp/store

gochisou
http://www.gochisou-textile.com

DARUMA FABRIC
http://daruma-fabric.com

CHECK ＆ STRIPE
http://checkandstripe.com

トマト
https://www.nippori-tomato.com/onlineshop

nunocoto fabric
https://www.nunocoto-fabric.com

布の通販 リデ
https://www.lidee.net/

humongous
https://shop.humongous-shop.com

●用具協力

クロバー株式会社
☎ 06-6978-2277(お客様係)
https://clover.co.jp

●撮影協力

AWABEES
UTUWA
TITLES

●衣装協力

seastar 株式会社(dansko)
〒 107-0062 東京都港区南青山 6-1-6-603
☎ 03-6427-9440
https://www.dansko.jp/

有限会社 hapuna&Co.
(en Lille) (meri ja kuu) (tumugu:)
〒 550-0012 大阪府大阪市西区立売堀 1-8-8 大阪教科図書ビル 4 F
☎ 06-4391-3601
https://www.hapunaandco.jp/

Less Higashikawa (Daiichi Rubber)
〒 071-1424 北海道上川郡東川町南町 1-1-6
☎ 0166-73-6325
http://less-style.net
https://daiichi-rubber.com/